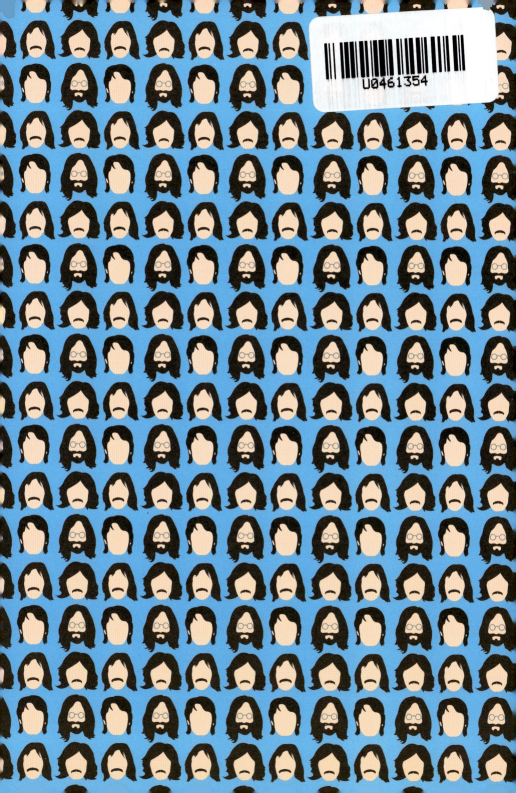
U0461354

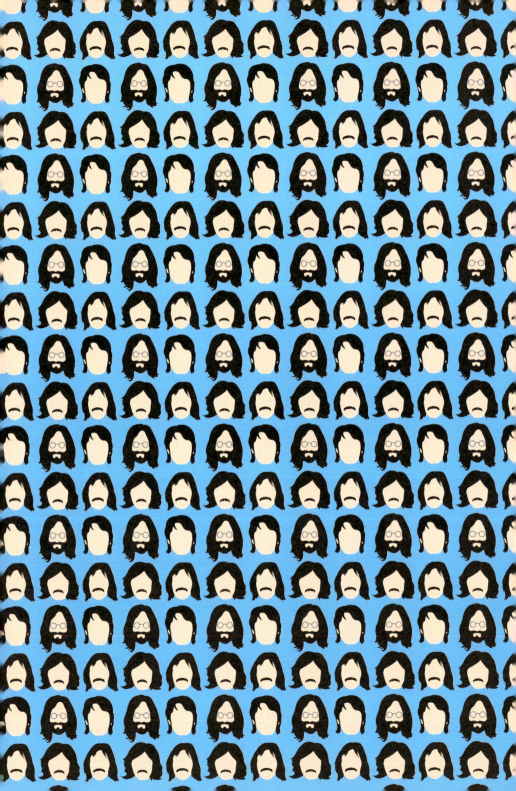

BIOGRAPHIC
THE BEATLES

披头士传

[英]维夫·克鲁特　　著
Viv Croot

侯海燕　译

重庆大学出版社

披头士传

PITOUSHI ZHUAN

［英］维夫·克鲁特　著

侯海燕　译

BIOGRAPHIC
THE BEATLES

by Viv Croot

图书在版编目（CIP）数据

披头士传 /（英）维夫·克鲁特（Viv Croot）著；
侯海燕译 . -- 重庆：重庆大学出版社，2024.6
（50 个标签致敬大师丛书）
书名原文：BIOGRAPHIC: THE BEATLES
ISBN 978-7-5689-3314-8

I. ①披 ... Ⅱ . ①维 ... ②侯 ... Ⅲ . ①音乐家—传记
—英国 Ⅳ . ① K835.615.76

中国国家版本馆 CIP 数据核字（2024）第 110060 号

版贸核渝字（2021）第 076 号

Text© Viv Croot，2019，Copyright in the Work © GMC
Publications Ltd, 2019

This translation of Biographic The Beatles is published
by arrangement with Ammonite Press an imprint of GMC
Publications Ltd.

策划编辑：张菱芷

责任编辑：刘雯娜　　　　装帧设计：琢字文化

责任校对：王　倩　　　　责任印制：赵　晟

*

重庆大学出版社出版发行

出版人：陈晓阳

社址：重庆市沙坪坝区大学城西路 21 号

邮编：401331

电话：（023）88617190　88617185（中小学）

传真：（023）88617186　88617166

网址：http://www.cqup.com.cn

邮箱：fxk@cqup.com.cn（营销中心）

全国新华书店经销

重庆新金雅迪艺术印刷有限公司印刷

*

开本：889mm×1194mm　1/32　印张：3　字数：155 千

2024 年 6 月第 1 版　2024 年 6 月第 1 次印刷

ISBN 978-7-5689-3314-8　定价：48.00 元

本书如有印刷、装订等质量问题，本社负责调换

版权所有，请勿擅自翻印和用本书制作各类出版物及配套用书，违者必究

目录

标志性

当我们可以通过一系列标志性图像辨识出一支乐队时，我们就能意识到：这支乐队成员和他们的音乐对我们的文化和思想产生了多么深刻的影响。

介绍

披头士乐队成员颇具莎士比亚的风骨；他们跟莎翁一样，才华横溢又平易近人，两种禀赋完美结合，让他们无论何时何地，不同阶层的人们都会为其折服。据音乐评论家里奇·安特伯格（Richie Unterberger）所说，他们"在自己的领域里做到了极致，同时又备受追捧"，这在任何艺术领域都实属罕见。他们在自己的时代风光无限（披头士热如此风靡，以至于成为学术研究的主题）。直到今天，在解散50年后，他们仍然是历史上最畅销的乐队（售出超过6亿张唱片）。当然，他们永远地改变了世界。

在20世纪60年代的利物浦，人们只要扔出一个吉他拨片，就会击中一支羽翼未丰的流行乐队。披头士乐队不过是又一个雄心勃勃的奔放的男孩四重奏组合（偶尔是五重奏）。你不能说他们是一夜成名。他们在德国汉堡的俱乐部尝尽生活的苦楚，回到英国后，在利物浦洞穴俱乐部演出了近300场，还有许多其他一次性演出，而后，痴爱他们的年轻经纪人布莱恩·爱泼斯坦（Brian Epstein）找到了对这些男孩感兴趣的唱片公司。众所周知，迪卡唱片公司拒绝了他们，帕洛风公司却接受了他们，他们遇到了制作人乔治·马丁（George Martin），他帮助他们成为世界上最好的乐队。

1962 年 10 月，《爱我吧》（*Love Me Do*）一经问世，便像一列满载音符的货运火车，震撼了青少年的耳朵：男孩们用英式口音——北方口音，而不是毫不动听的山寨美国口音演唱。从这首率真、朴实的歌曲中迸发出来的喜悦和能量，以某种方式发自内心地传达了 20 世纪 60 年代已然开始的信号。紧随其后，他们又推出了《请愉悦我》（*Please Please Me*）（这是他们的第一首英国冠军单曲）和《从我到你》（*From Me to You*）两首单曲，你可以从中感受到社会正在发生变化。

其他乐队也有成功的。有些乐队可能存在的时间稍长，但不知何故，只有披头士乐队十分稳定，带着那些风靡一时的流行歌曲一直在巡演。披头士乐队的意义远不止于此。他们是勇于创新的游戏规则改变者。乐队本身成为一个文化事件。严肃的社会人类学家将他们视为"20 世纪 60 年代反主流文化的象征"，认为他们使流行音乐在文化上重新被定位为艺术成为可能。他们自己写歌，这为未来的乐队开了创作先例。他们是风趣机智、勇敢坚毅的工人阶级。他们也是首支享誉世界的英国摇滚乐队。

"我在演讲中说过，艺术家一个看似合理的使命是让人们至少能多体会一点活着的意义。有人问我是否知道哪位艺术家完成了这一使命，我回答说，'披头士乐队做到了'。"

嘈杂的噪声和大量的粉丝迫使乐队从马路上搬进录音棚，并立即开始了新一轮的变革。他们很快学会了将录音棚本身当作一种乐器使用，将其潜力融入创作过程中——混合不同风格，尝试音效，把玩磁带，引入整个古典管弦乐队，整合音乐片断，并采用声效分层拼贴。

虽然他们仍是三分钟单曲大师，但已将流行音乐的重点转移到专辑上，为创作提供了时间和空间，让他们有机会创造一个连贯的整体，而不仅仅是精选热门歌曲的集合。

——美国作家小库尔特·冯内古特，1997 年

介绍

1967 年，乐队发行了专辑《佩珀中士的孤独之心俱乐部乐队》（*Sergeant Pepper's Lonely Hearts Club Band*），到目前为止，这张专辑在全球的销量已超过 3 200 万张。剧评家肯尼斯·泰南（Kenneth Tynan）称其为"西方文明史上的决定性时刻"。这张专辑从各个方面改变了以往的范式。这是概念专辑的雏形，这个概念据称是由虚拟的乐队来演唱的。这张专辑的封面与专辑本身受到了同等的关注。事实上，专辑封面最初由流行艺术家彼得·布莱克（Peter Blake）和詹·霍沃斯（Jann Haworth）构思，而后由他们设计并绘插图。专辑有一个对折封套和一个装饰的内袋，所有的歌词都印在专辑背面。如此的专辑概念和封面在之前闻所未闻、见所未见。

显然，创作的过程并不全是欢声笑语。无比信任他们的经纪人布莱恩·爱泼斯坦英年早逝，不仅在情感上给乐队带来了沉重打击，在商业上也造成了负面影响。没有了他，披头士建立的雄心勃勃的多媒体帝国——苹果公司的业务，从内部开始衰败，这是自我放纵和过度天真带来的后果。随着乐队的成长，成员间不可避免地出现关系紧张和自我冲突，尤其是约翰和保罗之间，他们在一起写歌时最开心，但在日常生活中却无法和平共处。约翰对耶稣的不当评论，被过度曲解和夸大，也影响了他们在美国的受欢迎程度。

最终，乐队还是令人心碎地解散了，但故事并没有结束。虽然成员个人的影响力永远不可能与乐队同日而语，但每个成员离开后都有了感兴趣的新方向，并小有成就。披头士乐队作为一个产业并没有停止。他们所有的歌曲仍可在所有可能的平台上获取收益，且大量销售；关于他们的电影仍在制作。1980 年列侬遇害后，乐队其他三名成员共同制作了《精选集》（*Anthology*）——这是他们精心策划的档案库资料的三张豪华专辑，以纪念他们共同走过的岁月。而保罗和林戈依然带着各自的乐队巡演。

披头士乐队反映了 20 世纪 60 年代悄然而至的文化转型，成为那个年代的配乐。当初他们为黑色皮革摇滚而存在，当我们转向和平、爱、理解和改变现状时，他们又将这一切载入编年史。他们写歌，我们便吟唱他们所写的歌。

"一个人做的梦，就只能是个梦；一群人怀着同一个梦想，便是真实。"

——约翰·列侬 1966 年

01
生活

约翰是不称职的父亲，
保罗是非常勤劳的母
亲，努力把所有事务打
理得井井有条；
乔治是有点乖戾的
少年，而林戈是手拿
模型飞机的无忧无虑
的小男孩。这就是
乐队的真实写照。

——作家兼朋友雷·康诺利，1969 年

生活的时代

披头士乐队的成员都是战时婴儿，出生在第二次世界大战中一个遭受重创的城市。他们都出身卑微，或者充其量算是平民，尝尽了艰苦工作的种种滋味。考上文法学校的保罗和乔治最终出人头地，约翰在父母婚姻破裂后，被送去跟姨父姨母生活，从此跻身中产阶级。保罗一家的社会流动性最强，先后搬迁 7 次，每搬一次都使家境有所好转。林戈出生在城市最贫困的地区之一。不过，他们用音乐拯救了自我，也拯救了彼此，在某种程度上还拯救了他们出生的城市。

詹姆斯·保罗·麦卡特尼
（James Paul McCartney）
生于 1942 年 6 月 18 日

- 3 个孩子中排行老大
- 下有 1 个弟弟、1 个继妹
- 十几岁时失去母亲

约翰·温斯顿·列侬
（John Winston Lennon）
生于 1940 年 10 月 9 日

- 有 2 个同母异父的妹妹
- 父母离异
- 十几岁时失去母亲

乔治·哈里森
（George Harrison）
生于 1943 年 2 月 25 日

- 4 个孩子中年龄最小
- 上有 1 个姐姐、2 个哥哥

理查德·斯塔基
（Richard Starkey）
（林戈·斯塔尔）
生于 1940 年 7 月 7 日

- 独生子
- 父母离异

与披头士成员出生在相同年代的有：

1940
斯莫基·罗宾逊（2 月 19 日）
汤姆·琼斯（6 月 7 日）

1942
吉米·亨德里克斯（11 月 27 日，右图）
布莱恩·威尔逊（6 月 20 日）

1943
米克·贾格尔（7 月 26 日）
基思·理查兹（12 月 18 日）

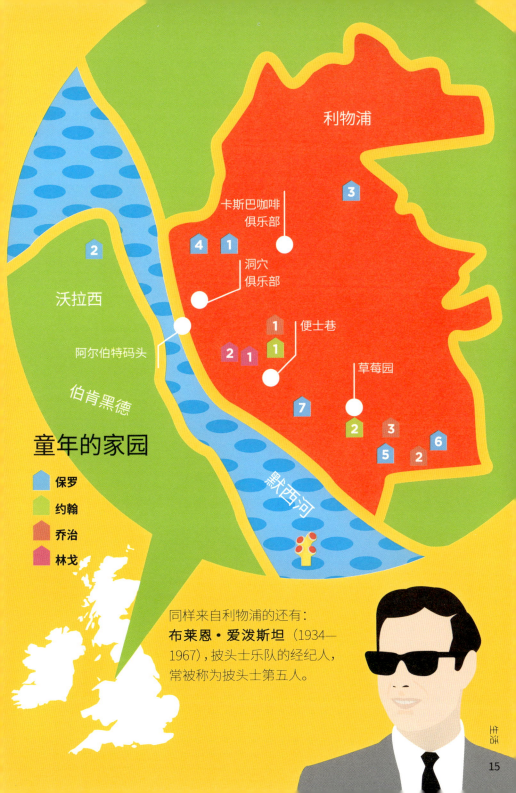

利物浦

卡斯巴咖啡
俱乐部

3

4 **1**

洞穴
俱乐部

沃拉西

2

阿尔伯特码头

伯肯黑德

便士巷

1

1

2 **1** **1**

草莓园

7

2

3

5 **2**

6

黙西河

童年的家园

保罗

约翰

乔治

林戈

同样来自利物浦的还有：
布莱恩·爱泼斯坦（1934—
1967），披头士乐队的经纪人，
常被称为披头士第五人。

欧洲的纽约

20 世纪 60 年代，美国垮掉派诗人艾伦·金斯伯格将利物浦称作"人类宇宙意识的中心"。他的观点可能有点夸张，但利物浦一直是一个有力的竞争者。早在 1851 年，《银行家杂志》（*The Banker's Magazine*）就将其称为"欧洲的纽约"。这是一座有着空前成就的多元化的城市，一座拥有文化交流和种族分歧的城市，信心十足而又富于发明创造——还总是把目光投向大西洋彼岸。伦敦或许塑造了 20 世纪 60 年代的风格，但利物浦却提供了工业用量的原始能量，让这十年精彩纷呈。正是这种原初的活力推动披头士乐队成为——并且一直是——历史上获得最大商业成功的流行乐队。

英国首个
湿船坞
1715

欧洲人移民到美国的主要移民点（尤其是爱尔兰人——他们中许多人未能到达美国，而留在了利物浦）。

在船上工作的人带回了本土没有的唱片和音乐风格。

皇家利物大厦

这座标志性的钢筋混凝土建筑由沃尔特·奥布里·托马斯设计，用于安置皇家利物保险集团的员工。仅用三年时间，这座建筑就于 1911 年竣工启用，这令人感到震惊。屋顶上栖息着两只利物鸟；传说要是这两只鸟飞走了，整座城市就会不复存在。

丘纳德公司和白星线公司跨大西洋班轮的母港

CUNARD

20 世纪 60 年代利物浦的人口数量大约有

737 000

包括来自下列国家和地区的移民……

超过 **50%** 的利物浦人有爱尔兰血统。

欧洲最古老的华裔社区基地，其历史可追溯到 19 世纪。

英国最古老的非裔社区基地，其历史可追溯至 **17** 世纪 **30** 年代

英格兰

德国

加纳

索马里

苏格兰

意大利

也门

威尔士

希腊

加勒比地区

爱尔兰

马来西亚

北欧国家

拉丁美洲国家

南亚地区

世界各地的船舶和人员在这里来来往往

默西之声

利物浦历来是输出艺人的主要城市，许多歌手、喜剧演员和演员都来自这里，但20世纪60年代初，这座城市的多元化使摇滚和流行音乐得以发展。利物浦的乐队顿时席卷全国，而披头士乐队则席卷了全球。全国媒体注意到该市颇具影响力的音乐双周刊，借用其刊名将此现象称为"默西之声"，该杂志由比尔·哈里创办，他是约翰在艺术学校认识的朋友。这是一个有些混乱的局面，乐手经常调换乐队，乐队解散了又重组，竞争异常激烈。早年，披头士乐队不过是默西混战中一支雄心勃勃的小伙子组合。

1958—1964年，平均有350支利物浦乐队在定期演出。以下是与披头士乐队有过合作和竞争的其他乐队和艺术家：

格里与领跑者乐队
（Gerry and The Pacemakers）

比利·J. 克拉默与达科塔乐队
（Billy J. Kramer and The Dakotas）

比利·J. 和约翰是朋友

罗里风暴与飓风乐队
（Rory Storm and The Hurricanes）

林戈曾是他们的鼓手

卡斯和卡萨诺瓦乐队
（Cass and The Casanovas）

断头台乐队
（The Scaffold）

麦克·麦卡特尼是保罗的弟弟

德里和高班生乐队
（Derry and The Seniors）

披头士乐队在凯泽凯勒俱乐部接替了他们

弗农女子乐队
（The Vernons Girls）

 披头士乐队为他们写歌

 翻唱／弃用披头士乐队的歌曲

 与披头士乐队同台演出

护送者乐队
（The Escorts）

林戈在蓝天使俱乐部
为他们安排了住所

第四名乐队
（The Fourmost）

丹尼森乐队
（The Dennisons）

约翰尼·金特尔
（Johnny Gentle）

比利·弗里
（Billy Fury）

披头士乐队未通过试
唱成为他的伴奏乐队

乐队成员

乐队成员

约翰尼·古斯塔夫森
（Johnny Gustafson）

三巨头乐队
（The Big Three）

共同演唱

巨无霸泰勒与骨牌乐团
（Kingsize Taylor
and The Dominoes）

邀请林戈加入乐队

希拉·布莱克
（Cilla Black）

共同演唱

 与披头士有其他
联系

 同属爱泼斯坦
经纪公司

 由乔治·马丁
录音

● 未在洞穴俱
乐部演出

 在汉堡演出

走到一起！

● 约翰
● 保罗
● 乔治
● 林戈

生于 10 月 9 日。

父母离异。先后就读于苔藓坑小学（Mosspits Primary School）和多佛多勒小学（Dovedale Primary）。

他和咪咪姨妈乔治姨父生活在一起。咪咪姨妈严厉但待人公正，约翰忍不住想念他迷人的、浪漫自由的妈妈。

生于 6 月 18 日

就读于斯托克顿伍德路小学（Stockton Wood Road Primary School）。

就读于约瑟威廉斯小学（Joseph Williams Junior School）。

生于 2 月 25 日

迁居斯毕克（Speke），就读于多佛多勒小学。

生于 7 月 7 日

父母离异

患阑尾炎和腹膜炎，休学一年。

在遍布想出人头地的摇滚明星的城市，披头士乐队成员是如何发现彼此，最终从所有可能性中实现了如此成功的蜕变的？作为乐队核心成员的约翰和保罗可能最终会相遇，但他们住在不同的城区，就读不同的学校，年龄相差两岁，所以不能保证他们一定会认识。如果不是他们都现身于伍尔顿圣彼得教堂的庆典，如果保罗没有带着吉他，如果没有共同的朋友伊万·沃恩（Ivan Vaughan）介绍他们认识，披头士乐队也许永远不会存在。乐队就是这样走到一起的。

组建采石工乐队（Quarrymen），在伍尔顿圣彼得教堂（St Peter's Church, Woolton）的庆典上经人介绍认识了保罗。就读于利物浦艺术学院（Liverpool College of Art）。

后就读于采石岸文法学校（Quarry Bank Grammar School）。

妈妈给他买了吉他。

以小号换吉他。母亲玛丽死于癌症。而后他和约翰双双因失去母亲而结盟。

✝ 认识乔治·哈里森；在艺术学院认识斯图尔特·萨特克利夫（Stuart Sutcliffe）。母亲朱莉娅死于交通事故；这一变故将影响约翰及其余生的工作。

尤读于利物浦书院（Liverpool Institute）。

将乔治·哈里森介绍给约翰认识。

就读利物浦书院，在巴士上认识保罗。

成为一名电工学徒，在各个昙花一现的乐队里演出。

爸爸给他买了吉他。他和哥哥彼得以及朋友亚瑟·凯利成立了噪音爵士乐反叛乐队（The Rebels）。

加入疯狂的德州人乐队（The Raving Texans）（后更名为罗里风暴和飓风乐队）。

和罗里·斯托姆一道去汉堡，与约翰、保罗和乔治认识。皮特·贝斯特不在时，他担任鼓手。

患肺结核，在疗养院疗养两年；学习打鼓，将其作为物理治疗的一部分。

离开学校。

成为技工学徒。

与他人共同创立埃迪·迈尔斯乐队（Eddie Miles）。继父赠送他二手架子鼓。

1953　　1954　　1955　　1956　　1957　　1958　　1959　　1960　　生活

21

成为披头士的历程

一切都始于 1956 年约翰组建的噪音爵士乐队。他们被简称为黑杰克乐队，后又匆匆更名为采石工乐队，这一名字是约翰对校歌某句歌词的讽刺性引用。保罗和乔治加入后，乐队开始摆脱其噪音爵士乐队的形象（以及一些成员），走上摇滚之路。1959 年，他们曾以"约翰尼和月亮狗"之名短暂巡演，1960 年，乐队名又改回"采石工"。他们使用更时髦的名字——节奏乐队（斯图·萨克利夫的建议）、银节奏乐队、银甲虫乐队、银披头士乐队，直到 1961 年 8 月，他们正式定名披头士乐队——约翰、保罗、乔治、斯图和皮特（贝斯特）。1962 年，在各种摇滚乐队中辗转打拼的林戈出现了，正好赶上乐队的首支热门单曲《爱我吧》。

1956 年 11 月
黑杰克乐队
（THE BLACK JACKS）

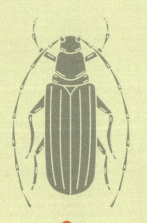

1960 年 5 月
银节拍乐队
（THE SILVER BEATS）

1960 年 5 月
银甲虫乐队
（THE SILVER BEETLES）

1960 年 7 月
银披头士乐队
（THE SILVER BEATLES ）

956 年 11 月—1960 年 1 月
采石工乐队
（THE QUARRYMEN）

1956—1959 年
约翰尼和
月亮狗乐队
（JOHNNY AND
THE MOONDOGS）

1960 年 1 月
节奏金属乐队
（THE BEATALS）

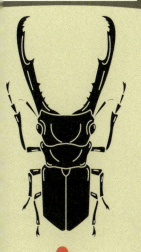

60 年 8 月—1960 年 12 月
甲壳虫乐队
（BEATLES）

1961 年
摇滚兄弟乐队
（THE BEAT BROTHERS）

1961 年至今
披头士乐队
（THE BEATLES）

小伙子们，尽情表演！

从 1960 年到 1962 年，披头士乐队在汉堡进行了五次巡回演出，在舞台上表演了 800 多个小时。他们学会了如何真正地演奏乐器、如何相互配合、如何演唱歌曲、如何与观众互动。艰苦的工作把他们从一群身材瘦长的青春期男孩历练成了一支充满活力和激情、自信满满的乐队。一流的表演！

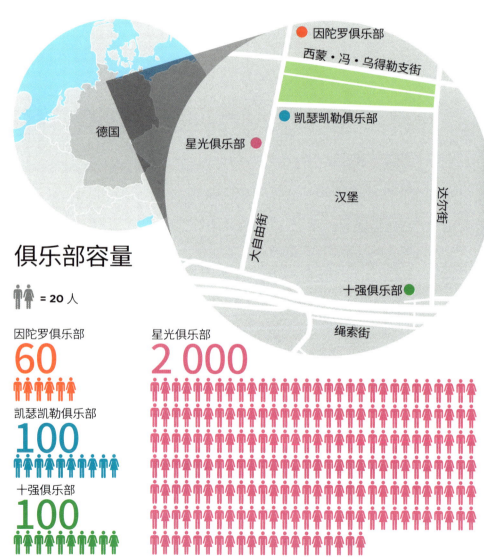

因陀罗俱乐部

西蒙·冯·乌得勒支街

凯瑟凯勒俱乐部

星光俱乐部

德国

汉堡

达尔街

大自由街

十强俱乐部

绳索街

俱乐部容量

 = **20** 人

因陀罗俱乐部
60

凯瑟凯勒俱乐部
100

十强俱乐部
100

星光俱乐部
2 000

日期

因陀罗俱乐部
1960 年 8 月 17 日—10 月 2 日

凯瑟凯勒俱乐部
1960 年 10 月 3 日—11 月 28 日

十强俱乐部
1961 年 4 月 1 日—7 月 1 日

星光俱乐部
1962 年 4 月 13 日—5 月 31 日
1962 年 11 月 1—14 日
1962 年 12 月 18—31 日

表演的
夜晚总数 / 小时总数

48	56	92	75
217	248	503	260

难熬的夜晚
(在因陀罗和凯瑟凯勒俱乐部)

每周	每天
7 天	**4** 组歌曲
20:30—21:30 休息	23:30—0:30 休息
22:00—23:00	01:00—02:00

星期六	星期日
5 组歌曲	**6** 组歌曲
19:00—20:30 休息	17:00—18:00 休息
21:00—22:00 休息	18:30—19:30 休息
22:30—23:30 休息	20:00—21:00 休息
00:00—01:00 休息	21:30—22:30 休息
01:30—03:00	11:00—12:00 休息
	12:30—01:30

报酬

因陀罗俱乐部和凯瑟凯勒俱乐部：
每人每天 2.5 英镑（2 英磅 10 先令），其中 10% 归他们的经纪人艾伦·威廉姆斯。

十强俱乐部：
每人每天 3 英镑，另加住宿费；无代理费。

星光俱乐部：
每人每周 53 ~ 67 英镑。

披头士第五人

披头士乐队最初是一个五人乐队（包括斯图尔特·萨克利夫）。1961 年斯图尔特离开乐队后，他们并没有找人取代他（保罗接任了贝斯手），但是，幻想谁可以成为披头士第五人来填补空位，成了一项文化游戏。许多人被提名，其中大多数是与乐队有私人关系或音乐上有往来的人。不过，他们都落选了。足球界传奇人物乔治·贝斯特曾接到电话，尽管他既不是利物浦人，也不是音乐家，更不是老朋友，但他的发型、天赋和胆量都令人刮目相看。以下是一些最值得推荐的候选人。

斯图尔特·萨克利夫（Stuart Sutcliffe）
真正的第五人

斯图尔特·萨克利夫是 1960—1961 年披头士乐队真正的第五位成员。他不是音乐家，而是一个鼓舞人心的时尚偶像。离开乐队后他回到艺术学校求学，却在 1962 年不幸英年早逝。

皮特·贝斯特（Pete Best）
不走运的候选人

他们在汉堡磨合表演时，皮特·贝斯特实际上是乐队成员之一；他在首次录制《爱我吧》时担任鼓手。但由于他的技法和风格与乐队不适合，1962 年遭到解雇，此后再未重回乐队。

布莱恩·爱泼斯坦（Brian Epstein）
经纪人

布莱恩·爱泼斯坦认识到乐队的才华和能量，推动他们走上享誉全球的道路；他的风格和背景不属于披头士，但其精神却与披头士一脉相承。

安迪·怀特（Andy White）
临时鼓手

安迪·怀特是乔治·马丁预约的临时鼓手。他技艺精湛，演奏了《爱我吧》（第三个版本也是最后一个版本的唱片）和《附注：我爱你》。

德里克·泰勒（Derek Taylor）
新闻发言人

他是记者和乐队粉丝，担任爱泼斯坦的私人助理和乐队新闻发言人；深知他们的风格和脾性，因势利导，扬长避短。

尼尔·阿斯皮纳尔（Neil Aspinall）
忠心耿耿的第五人

他是保罗和乔治的校友，成为他们的巡演经理、司机和总务，了解他们的生活方式和需要。

声乐　　 主音吉他

 鼓　　　贝斯吉他

 键盘乐器

乔治·马丁
（George Martin）
音乐制作人

没有马丁的音乐知识和高超的制作技能，乐队不会取得如此巨大的成功。他允许他们进行创新，并培养他们迅速成长的能力。

查斯·纽比
（Chas Newby）
替补贝斯手

皮特·贝斯特的首支乐队——黑杰克乐队成员。1960 年 12 月，替补斯图尔特·萨克利夫在利物浦的四场演出中担任贝斯手。但他拒绝了留下来的邀请，回到大学重拾学业。

克劳斯·沃尔曼
（Klaus Voormann）
艺术设计

在汉堡期间，他是整个乐队的朋友。斯图尔特·萨克利夫离开后，他作为贝斯手和他们一起表演。他设计了《左轮手枪》专辑封面。

吉米·尼科尔
（Jimmie Nicol）
替补鼓手

在 1964 年的全球巡演中，他顶替生病的林戈参加了在丹麦、荷兰、澳大利亚和中国香港举行的前八场演出。

托尼·谢里丹
（Tony Sheridan）
乐队主唱

在汉堡，披头士乐队作为伴奏乐队与他同台演出；他们还以托尼·谢里丹和摇滚兄弟乐队之名录制了一张专辑，其中有热门歌曲《我的邦妮》（*My Bonnie*）。

比利·普雷斯顿
（Billy Preston）
美籍键盘手

相识于 1962 年，合作始于 1969 年。他偶尔和乐队一起参加舞台表演，参与《顺其自然》（*Let it Be*）和《艾比路》（*Abbey Road*）专辑的演奏。

埃里克·克莱普顿
（Eric Clapton）
编外的吉他之神

应乔治的邀请演奏了《当我的吉他轻轻地哭泣》（*While My Guitar Gently Weeps*）。1969 年，乔治短暂离开后，约翰邀请克莱普顿加入乐队。

披头士
四人组

披头士之所以能成为"披头士",是炼金术对四种不同性格的男孩影响的结果。他们的个性如此独特,以至于每个粉丝都可能有最喜爱的成员,但他们的合作天衣无缝,创造了比单独个体更受欢迎的荣耀团体,这让乐队超越了当时那些昙花一现的奇才和转瞬即逝的流行乐队,成为经久不衰的传奇。但是,把他们紧密联系在一起的纽带最终使他们分道扬镳。天下没有不散的宴席。

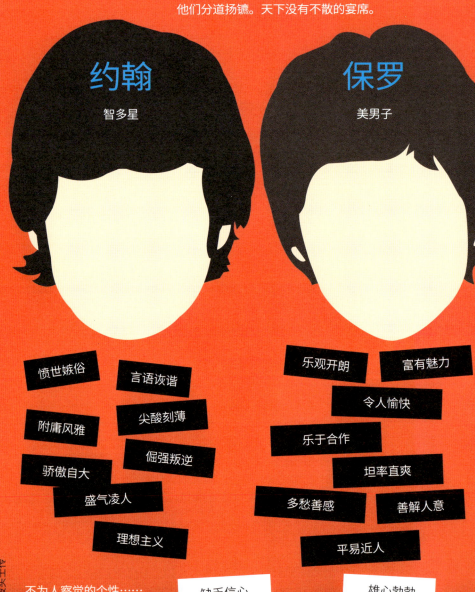

约翰
智多星

愤世嫉俗　言语诙谐　尖酸刻薄　附庸风雅　倔强叛逆　骄傲自大　盛气凌人　理想主义

保罗
美男子

乐观开朗　富有魅力　令人愉快　乐于合作　坦率直爽　多愁善感　善解人意　平易近人

不为人察觉的个性……　缺乏信心　雄心勃勃

团队动态

- 约翰对保罗又爱又恨
- 保罗对约翰也是又爱又恨
- 保罗和乔治是朋友，但也相互发脾气
- 约翰认为乔治是个讨厌的弟弟
- 乔治尊敬约翰
- 大家和林戈都相处融洽

乔治

闷葫芦

冷嘲热讽　沉默寡言

考虑周到　超凡脱俗

音乐上喜欢冒险

腼腆羞怯　心理敏感

反躬内省

博爱慈善

林戈

淘气精

滑稽有趣　从容不迫

招人喜欢　实事求是

简单率真

不出风头

温厚和蔼

谦逊低调

固执倔强

穿越六十年代

约翰·F.肯尼迪（John F. Kennedy）赢得美国总统大选

修建柏林墙

安迪·沃霍尔（Andy Warhol）完成了他的金宝汤罐头（Campbell's Soup Cans）作品

约翰·F.肯尼迪遇刺

马丁·路德·金（Martin Luther King）发表演讲《我有一个梦想》（I have a dream）

披头士乐队进军美国

美国《民权法案》（Civil Rights Act）宣布禁止公开歧视

1960　　1961　　1962　　1963　　1964

因陀罗

披头士乐队在汉堡因陀罗俱乐部演出

美国批准使用爱诺韦德避孕药

让-吕克·戈达尔（Jean-Luc Godard）的新浪潮电影《筋疲力尽》（A Bout de Souffle）上映

布莱恩·爱泼斯坦遇见披头士乐队

披头士乐队在利物浦洞穴俱乐部举行首场演出

尤里·加加林（Yuri Gagarin）成为进入太空的第一人

斯图尔特·萨克利夫去世。林戈加入乐队

威斯敏斯特市艾比路 NW8

披头士和乔治·马丁在艾比路进行首次录音

古巴导弹危机

贝蒂·弗里丹（Betty Friedan）所著的《女性的奥秘》（The Feminie Mystique）出版

《请愉悦我》（Please Please Me）发行

盒式录音带上市

穆罕默德·阿里（Muhammad Ali）击败桑尼·利斯顿（Sonny Liston）

美国在越南的战争升级

鲍勃·迪伦（Bob Dylan）在纽波特民间音乐节上用电吉他演奏

披头士传

神奇的是，披头士乐队的存在正好跨越了 20 世纪整个 60 年代。故事开始于 1960 年汉堡的一个地下俱乐部，结束于 1970 年 4 月的激烈争吵。这十年他们见证了社会生活的各个方面——音乐、艺术、时尚、食物、文学、民权等都从单调贫瘠变得多姿多彩，这一切不仅改变了这十年，更改变了整个世纪，全世界都受到巨烈震荡。披头士用音乐记录了这一系列改变。

英格兰赢得世界杯

披头士乐队在旧金山烛台体育场举行最后一场音乐会

同性恋在英国合法化

布莱恩·爱泼斯坦去世

巴黎爆发示威游行

伍德斯托克音乐节（Woodstock Festival）

春节攻势（Tet Offensive）表明美国没有赢得越南战争

1966　1967　1968　1969　1970

《我们的世界》（*Our World*）电视节目现场直播

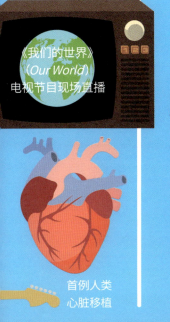

首例人类心脏移植

马丁·路德·金遇刺

理查德·尼克松（Richard Nixon）赢得美国总统大选

披头士乐队在苹果唱片公司大楼屋顶举行现场音乐会

登陆月球；阿姆斯特朗（Armstrong）和奥尔德林（Aldrin）在月球上行走

保罗·麦卡特尼（Paul McCartney）宣布披头士乐队解散

曲终人散

生活

最后

· · · · · ·

披头士乐队最终在 1970 年解散，但这是一个累积的过程。到 1968 年，音乐上越来越大的分歧，令人分心的单人活动、怨恨、嫉妒、性格冲突、商业问题和死亡等，这些破坏性因素叠加在一起，使细小的裂纹扩张为巨大的裂缝，最终导致了不可避免的分裂。存在十年的团队终于走到了尽头，也许这只是时间问题。

LET I T BE

1966 停止巡演，合作的默契消失了。

1967 布莱恩·爱泼斯坦的去世使乐队本身和其商业活动都失去了方向。

1968 苹果唱片公司财务状况陷入混乱。

1968 约翰服用过量药物。

约翰让洋子参与所有的录音环节。

乔治因逐渐崭露的创作才华被约翰和保罗排挤。

1968 其他成员对保罗似乎接手管理职责感到不满（而他自己却什么也不做）。

《白色专辑》（*White Album*）录制期间，每人都有不同的计划，不愿意合作，互相感到愤怒生气。

1969 任命艾伦·克莱因（Allen Klein）为经纪人。

乐队成员开始互相提起诉讼。

关键日期

1968 年	1969 年	1969 年	1970 年	1975 年
8 月 21 日 林戈暂时离开，9 月回归。	1 月 10 日 乔治暂时离开，1 月 15 日回归。	9 月 20 日 约翰决定离开，但出于商业原因同意保密。	4 月 9 日 保罗宣布他要离开。	1 月 9 日 披头士乐队的合作关系正式解散。

披头士传

披头士乐队

02
世界

不妨播放披头士乐队的音乐。

——艾伦·科普兰
摘自霍华德·波拉克
《艾伦·科普兰：一位非凡人物的生活和工作》，2000

汉堡与发型

长刘海

马球领套头衫

无领夹克

皮裤

全套黑色衣服

黑皮靴

汉堡不仅是披头士的摇滚训练营,在那里,他们还经历了生活方式、人生哲学、身份改变等各种冒险。1960年,披头士乐队在凯瑟凯勒俱乐部演出时结识了三位勇猛无畏的"存在主义者"(被称为潮人):克劳斯·沃尔曼(Klaus Voormann)、阿斯特丽德·科尔什赫(Astrid Kirchherr)和约根·沃尔默(Jürgen Vollmer)。他们既是摇滚歌手,又是因陀罗俱乐部的主顾,还与潮人是部落敌人,但这三人帮却敢于闯入摇滚歌手的领地,聆听乐队的演出。潮人风格以法国存在主义哲学为基调,他们富有创造力、睿智理性、无所畏惧,深刻影响了乐队的作品和风格,将黑色皮革、知识理念、左岸发型引介到了乐队成员中。

潮人风格

发型

1960 年，阿斯特丽德（Astrid）给斯图尔特做了与她和约根一样的发型，额前留了刘海。她的灵感来自让·科克托（Jean Cocteau）1959 年的一部电影。

1961 年，他们与约根又在超酷的巴黎左岸重逢，约翰和保罗也让约根为他俩做了发型设计。

电影

艺术

摄影

Aa
平面设计

哲学 / 文学

兴趣

披头士乐队和滚石乐队的竞争——一场南北之争，一场可爱的默西塞德郡拖把头和萨里三角洲低俗的魁首之间的竞争——实际上是媒体捏造的。他们对两支乐队进行不同风格的炒作——披头士乐队被包装成邻家少年，而滚石乐队被塑造为坏男孩。但实际上，两支乐队同时拥有相同的背景、相同的节奏布鲁斯和摇滚根基，甚至还会共享演唱曲。他们相互认识并友好来往：1963 年，披头士乐队在伦敦里士满的车站酒店为早期的滚石乐队付款结账，并给了他们一首歌曲《我想成为你的男人》（*I Wanna be Your Man*）。事实上，披头士乐队在音乐上真正的对手是海滩男孩（The Beach Boys）。

披头士乐队

成立于 **1960** 年

有乐队制服

架子鼓

主音吉他　节奏吉他　贝斯

4 成员

2 名主唱

歌曲创作双人组合

文法学校男生

刚毅的北方人

披头士传

滚石乐队

排名第一
英国 17 支 单曲
美国 20 支 单曲
销售量 **6** 亿张
13 张专辑

无乐队制服

成立于 **1962** 年

排名第一
英国 10 单曲
美国 8 单曲
销售量 **2.4** 亿张
23 张专辑

歌曲创作 双人组合

活跃时期
10
57

单曲 **63** 支

单曲 **120** 支

5 成员

架子鼓　　主音吉他　　节奏吉他

贝斯

1 名主唱

温和的南方人

文法学校 男生

玛哈礼师·马赫什·优济

1968 年，身心俱疲的披头士乐队痛失经纪人布莱恩·爱泼斯坦，创作上才思枯竭难以为继，于是，成员们一头扎进了玛哈礼师·马赫什·优济教义的流行浪潮中。他们发明了超验冥想这一基于吠陀原理的冥想方案，但都经过了精简和调整，以适应西方人短暂的注意力时长。四人都前往位于印度喜马拉雅山麓瑞诗凯诗（Rishikesh）的玛哈礼师静修所，他们完全沉浸其中，穿着印度民族服饰，在石屋中过着简朴的生活。此次修炼之旅在精神层面上不算是绝对的成功，最终在激烈的争吵中结束，分道扬镳。但是，他们在创作上却不负所望，在那里和随后的时间里创作了大约 40 首歌曲，其中大部分收录在《白色专辑》里。

事件时间表

1967 年 8 月 24 日
约翰、保罗和乔治与辛西娅（约翰的妻子）、帕蒂（乔治的妻子）、帕蒂的妹妹珍妮·博伊德和简·阿舍（保罗的女友）在伦敦希尔顿酒店参加玛哈礼师的讲座。

1967 年 8 月 25—27 日
乐队全部成员及其伴侣前往威尔士的班戈参加入门课程。

1968 年 2 月 16 日
约翰、乔治、辛西娅、帕蒂和珍妮抵达瑞诗凯诗。

1968 年 3 月 1 日
林戈和莫林离开。

1968 年 2 月 20 日
林戈、保罗、莫林（林戈的妻子）和简抵达瑞诗凯诗。

1968 年 3 月 26 日
保罗和简离开。

1968 年 4 月 12 日
约翰、乔治、辛西娅、帕蒂和珍妮离开。

1968 年 6 月 15 日
披头士乐队公开否定玛哈礼师，宣布他们犯了一个"公开的错误"。

他们在那里待了多少日子？

林戈	9
保罗	36
乔治	53
约翰	53

何谓超验冥想？

超验冥想是一种简单、系统、快速的冥想方式，基于印度教传统，但其中没有包括痛苦和忏悔。信徒们会得到一套个人咒语用于集中注意力，每天冥想两次。

入门

1 冥想者被教导通过简单的 7 个步骤进行冥想。

2 每位冥想者都被给予一套个人咒语。

3 他们学着用咒语冥想，每天两次，每次 15～20 分钟。

关系密切的个人和团体

披头士乐队虽以约翰和保罗（偶尔还有乔治）的原创作品闻名，但在早期也翻唱和录制了以下艺术家的歌曲：

披头士乐队在磨练好创作技巧前，主要依赖于翻唱其他艺术家的歌曲，包括猫王（Elvis Presley）、巴迪·霍利（Buddy Holly）和查克·贝里（Chuck Berry）。随着约翰和保罗逐渐成为最了不起的一对创作搭档，乐队在舞台上和录音室里也发展为一个不受外界影响的紧密团队。没有跳槽、没有戏剧性的猝然离开，也几乎没有任何副业。他们是一个自给自足的、不可分割的团队，直到与埃里克·克莱普顿（Eric Clapton）和比利·普雷斯顿等艺术家展开合作、为感觉被困在世上最著名乐队中的四个各有个性的人提供了创作出路时，他们才开始分道扬镳。

披头士乐队唱片上列出的其他

6 位音乐家

比利·普雷斯顿
（Billy Preston）
阿尼尔·巴格瓦特
（Anil Bhagwat）
皮特·贝斯特
（Pete Best）
托尼·谢里丹
（Tony Sheridan）
艾伦·西维尔
（Alan Civil）
乔治·马丁
（George Martin）

约翰·列侬和查克·贝里

很多人只知道摇滚之王是埃尔维斯·普雷斯利，却不知道有一个人有着摇滚之父的称号，他就是查克·贝里。

猫王本人不是一个创作者，他起到的作用是传播。他和他的团队把白人乡村音乐和黑人爵士、布鲁斯相融合，将自己浑厚的嗓音和英俊的外貌，传递给了观众。

叙事性的歌词、欢快的乐曲、高超的节奏吉他、妖娆的鸭子步……

摇滚乐打他那儿起，雏形初现。

查克·贝里影响了后世无数的摇滚音乐人，披头士、滚石、沙滩男孩……

1972 年，约翰·列侬和查克·贝里同台，两人一起合唱《走，约翰尼，走！》（Go, Johnny, Go）等歌曲。

同时也留下那句让后来音乐人"认祖归宗"的名言：摇滚乐的另一个名字就叫查克·贝里。

猫王是披头士乐队的忠实粉丝，他在舞台上现场演唱了《昨天》（Yesterday）、《嘿，朱迪》（Hey Jude）和《麦当娜女士》（Lady Madonna）。

在一个独一无二的场合，乐队成员勠力同心，和全世界一起共唱一支歌……

1967 年 6 月 25 日，披头士乐队和朋友们举行了他们的音乐会《你需要的只是爱》（ALL YOU NEED IS LOVE）

披头士和鲍勃·迪伦

1964 年，正在美国巡演的披头士与鲍勃·迪伦会面，当时的披头士还没有完全摆脱少女偶像的头衔，而与之相反，鲍勃·迪伦却更具文学性和社会性。

与鲍勃·迪伦的会面使披头士在音乐艺术上更上一层楼。他们之后的音乐，歌词更具有人文性，同时他们在编曲上的改革也是大刀阔斧。

乐队成员乔治·哈里森受鲍勃·迪伦的影响，成为第二个拿起电吉他来演奏摇滚歌曲的歌手。

全球

4

亿观众

截至 2016 年，披头士乐队有 15 张专辑获得英国流行音乐排行榜专辑榜冠军；有 17 首单曲获得英国流行音乐排行榜单曲榜冠军，创下获得英国流行音乐排行榜专辑榜、单曲榜冠军次数最多的纪录。在美国公告牌榜单上，披头士乐队有 19 张冠军专辑以及 20 首冠军单曲，创下获得美国公告牌专辑榜、单曲榜冠军次数最多的纪录。

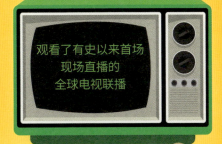

观看了有史以来首场现场直播的全球电视联播

除了朋友、家人以及利物浦的随行人员外，和他们一道表演的嘉宾还有埃里克·克莱普顿、多诺万、玛丽安·费斯富尔（右图）、米克·贾格尔、布莱恩·琼斯、加里·利兹（来自沃克兄弟）、凯斯·穆恩、格雷厄姆·纳什和凯思·理查兹。

拉瑞·威廉姆斯（Larry Williams）

乔·特纳（Joe Turner）

泰迪熊乐队（The Teddy Bears）

巴瑞特·斯特隆（Barrett Strong）

谢丽斯合唱团（The Shirelles）

尚·罗梅罗（Chan Romero）

小理查德（Little Richard）

埃尔维斯·普雷斯利（Elvis Presley）

卡尔·帕金斯（Carl Perkins）

巴克·欧文斯（Buck Owens）

奇迹乐队（The Miracles）

马夫赖特斯组合（The Marvelettes）

安·玛格丽特（Ann-Margret）

佩吉·李（Peggy Lee）

小威利·约翰（Little Willie John）

披头士翻唱过

亚瑟·亚历山大 (Arthur Alexander)

里奇·巴雷特 (Richie Barrett)

查克·贝里 (Chuck Berry)

约翰尼·伯内特 (Johnny Burnette)

雷·查尔斯 (Ray Charles)

托尼·奥兰多 (Tony Orlando)

海岸货船组合 (The Coasters)

曲奇组合（The Cookies）

亚瑟·克鲁德普（Arthur Crudup）

多奈斯女子合唱组 (The Donays)

小伊娃 (Little Eva)

艾佛利兄弟 (The Everly Brothers)

兴奋剂乐队 (Dr Feelgood)

埃迪·方丹 (Eddie Fontaine)

巴迪·霍利 (Buddy Holly)

艺术家的歌曲？

(The Isley Brothers)

利物浦最初的洞穴俱乐部于 1957 年开业，这是一家渴望拥有左岸时髦感的爵士俱乐部。俱乐部勉强能容忍噪音爵士乐，却对摇滚音乐嗤之以鼻。这种态度后来逐渐发生了变化，到 1960 年，俱乐部变成了节拍音乐——确切地说是默西之声的场所。

充满噪

最初的洞穴俱乐部由三个并排的桶形隧道组成，每个隧道宽约 10 英尺（约 3 米）、长 100 英尺（约 30 米），由三个 6 英尺（约 1.8 米）的拱门相连。

洞穴俱乐部于 1957年 1 月 16 日开业，1973 年 3 月歇业

1958 年 1 月 24 日，保罗·麦卡特尼和采石工乐队在此表演

1961 年 2 月 9日，披头士乐队（与斯图尔特·萨克利夫和皮特·贝斯特）在这里表演

真正的洞穴俱乐部于 1973 年被拆除，改建成默西铁道地下环线铁路。你可能会感慨：尘世繁华转瞬即逝。现今重建的洞

的地窖

洞穴俱乐部是个饮酒作乐、混乱无序的、无执照的、臭烘烘的地方——忙碌而喧闹，却有很棒的音响效果。年轻人在午餐时间和晚上蜂拥而入，只是为了听听音乐。从 1961 年到 1963 年，利物浦的每一支大牌乐队都在这里演出过。1961 年 11 月，布莱恩·爱泼斯坦到这里观看披头士乐队的现场演唱，并被他们深深打动。

1957 年 7 月 31 日，林戈·斯塔尔在此与埃迪·克莱顿斯噪音爵士乐队（The Eddie Clayton Skiffle Group）共同演出

1957 年 8 月 7 日，约翰·列侬在这里和采石工乐队一起演出

1961—1963 年，披头士乐队在洞穴俱乐部共演出

292

场次

披头士乐队一场午间演唱会费用为

1/3

便士，相当于今天的 6 便士！

1961 年 11 月 9 日，布莱恩·爱泼斯坦第一次在这里观看了披头士乐队的表演，并与他们签约

1963 年 8 月 3 日，披头士乐队在洞穴俱乐部进行了最后一次演出

要进入俱乐部，你必须往下走 18 级台阶，然后上 3 级台阶到达木质舞台。

披头士风格

早年时期

早期的披头士乐队看上去是支叛逆而危险的摇滚乐队。皮衣是他们在汉堡辛苦打拼时的实用选择。林戈当时没有和他们在一起，还穿着泰迪男孩的服装。

摩登时期

布赖恩·爱泼斯坦为他们的巡回演出和公开露面提供了时髦的制服——无领尼赫鲁夹克是对潮人的致敬。他们成了共同体——不是四个个体，而是一个拥有独特品牌的单一实体。

披头士的时尚风格逐渐从单色过渡到全彩，颇具 20 世纪 60 年代自身的特点。起初，他们穿着甲壳般的黑色皮衣，在昏暗的地下室里表演，渐渐地他们变得摩登，穿上了时髦的意大利马海毛舞台服装（爱泼斯坦希望他们看起来光鲜得体）。在这十年里，他们的服装变得鲜艳多彩，"佩珀中士"（Sergeant Pepper）时期是迷幻的花花公子派头，还有神秘舒适又飘逸的嬉皮士风印度长袍。他们的发型也随之变化，粉丝则一路效仿他们。

迷幻时期

1967 年发行《佩珀中士》时，披头士乐队已经不再巡演。他们退回到录音室，随着音乐技能的提升，他们的风格开始个性化，也逐渐分道扬镳。

嬉皮士时期

同样在 1967 年，他们去了印度，和玛哈礼师待在一起，回来时穿着飘逸的长袍，戴着珠子、花朵，蓄着长发，反映了《爱之夏季》（The Summer of Love）中地道的嬉皮士风格。这次旅行使乐队进一步分裂，他们开始重新找回自己的个性。

披头士
狂热！

奥菲斯（Orpheus）、弗兰茨·李斯特（Franz Liszt）、弗兰克·辛纳屈（Frank Sinatra）、约翰尼·雷（Johnny Ray）和猫王都能让女孩们为他们哭泣和晕厥，但披头士乐队还能让女孩们为之尖叫呐喊。披头士狂热是以女孩为主要群体的现象，虽然媒体对此现象的命名起了推波助澜的作用，但它最初却是自然爆发的，始于 1960 年 12 月 27 日，当时这支刚从汉堡归来的热门乐队在利物浦塞夫顿的利特兰市政厅演出。起初披头士狂热只在本地流行，但随着乐队开始巡回演出，这种狂热随即在全国范围内蔓延，到 1964 年，披头士狂热已成为国际现象。最后，披头士狂热驱使乐队离开马路上的演出场地，进入录音棚。1966 年 8 月 29 日，他们在旧金山的烛台公园举行了最后一场现场音乐会。他们听不到自己的演奏声，其他人也听不到。

1964 年 2 月 7 日，伦敦希思罗机场估计有

4 000

名观众欢送乘坐泛美航空 101 号航班飞往纽约的披头士乐队。2 月 22 日他们回家时，又受到了

10 000

人的欢迎。

他们降落在纽约肯尼迪机场时，有

5 000

人在等候迎接他们，另外还有 200 名媒体记者。

6 月 12 日，大约有

300 000

人聚集在澳大利亚阿德莱德市中心。这是 1963 年前来争睹女王尊容人数的两倍。

披头士传

舞台数字

旧金山烛台公园	25 000人
纽约谢伊体育场	55 000人
马尼拉黎刹纪念体育场	80 000人

60
分贝

85
分贝

103
分贝

115
分贝

131分贝

音响工程师詹姆斯·戴布尔（James Dyble）对谢伊体育场音乐会上歌迷和乐队总分贝水平的估算。

谢伊棒球体育场

深夜里喁喁私语

嘈杂且中等繁忙的交通

100英尺高空飞过的大型喷气式飞机

普通摇滚音乐会

披头士乐队在谢伊体育场的音乐会

苹果已崩溃！

1967 年 4 月，披头士乐队成立了苹果唱片公司（Apple Corps），一个理想主义的、合作的、奢侈的跨国公司。这是一个雄心勃勃的多媒体企业——一个创作和发布乐队自身、乐队友人和乐队喜欢的任何艺术新人作品的载体。（他们的会计师认为，这是避免 300 万英镑潜在税单的方式。）利润仿佛是可憎的：所有利润将在员工之间平均分配，其余一点不剩都将被分发。挥霍、天真和自我放纵很快摧毁了大部分的梦想。

4 月
苹果公司在伦敦贝克街 84 号成立

12 月
苹果精品店在贝克街 94 号开业

5 月 11 日
苹果唱片在美国上市

5 月 30 日
披头士开始录制《白色专辑》

7 月 31 日
苹果精品店在混乱中关闭

6 月
苹果公司以 50 万英镑的价格买下了伦敦萨维尔街 3 号

8 月 30 日
《嘿，朱迪》是以苹果公司之名发行的首支单曲

2 月 4 日
李和约翰·伊斯（Lee , John Eastman）被任命律师

9 月
尼尔·阿斯皮纳被任命为临时总监

1 月 30 日
萨维尔街 3 号的屋顶音乐会是乐队最后一次现场演出

2 月 3 日
克莱因被任命为披头士的财务代表

9 月
公司迁入位于萨维尔街 3 号的苹果总部

1 月
约翰·列侬和小野洋子会见了艾伦·克莱因

2 月 3 日
泽普唱片公司推出了唱片，但克莱因在发行了两张专辑后将其关闭

年份

- 🔴 1967
- 🟢 1969
- 🔵 1971
- 🔵 1968
- 🔴 1970
- 🟠 1975

3月

克莱因不再是披头士乐队的经纪人，而只担任约翰、乔治和林戈的个人经纪人

苹果唱片公司进行了重组，以管理披头士唱片档案业务

9月

苹果录音室重新开放

5月16日

苹果录音室关闭

12月

麦卡特尼向法院提出诉讼，要求解散披头士乐队

5月

《顺其自然》专辑和电影同步发行

3月

克莱因委托菲尔·斯佩克特（Phil Spector）制作《顺其自然》

3月21日

克莱因被任命为临时业务经理

9月

克莱因与国会唱片（Capitol）达成了更好的交易

5月8日

克莱因得到了一份为期三年的业务经理合同，他关闭了苹果电子公司，并裁掉了一半员工。阿斯皮纳尔被解雇，但在乐队集体的坚持下又被复职

> "如果我们不赚钱，那又如何？我们不是商业狂人，我们是艺术家。"
>
> ——约翰·列侬，1967 年

苹果公司商业版图

苹果电影

苹果唱片

苹果音乐出版

苹果录音室

苹果零售

苹果电子

53

影响披头士的人

披头士

和其他影响因素

摇滚乐

山区乡村摇滚乐

蓝调音乐

节奏布鲁斯

噪音爵士乐

歌舞杂耍

民乐

大乐队

印度古典音乐

爵士乐

舞厅音乐

灵歌/灵魂乐

乡村音乐

福音音乐

摩城音乐

美国女子组合乐队音乐

猫王

马夫赖特斯

查克·贝里

小理查德

艾佛利兄弟

雷·查尔斯

鲍勃·迪伦

拉维·香卡

约翰·列侬说过："如果没有猫王，就不会有披头士。"这对许多乐队来说确实如此，但披头士的经久不衰和创造力不只来自单一的音乐传统。他们的耳朵和大脑对任何不同类型的音乐都是开放的，他们愉快地将美国黑人节奏布鲁斯、女团和声、音乐厅歌曲、舞曲和任何他们喜爱的音乐融为一体，创作出崭新的、独特的音乐风格。

披头士乐队

03

工作

他们在做前人没有做过的
事情……每个人都以为他
们只是在为那些爱赶时髦
的青少年做音乐，很快就

会消失。但我十分清楚，
他们拥有持久的力量。我
知道他们指出了音乐发展
的必然方向。

——鲍勃·迪伦，1971 年

这里，那里，披头士乐队的巡演处处可见

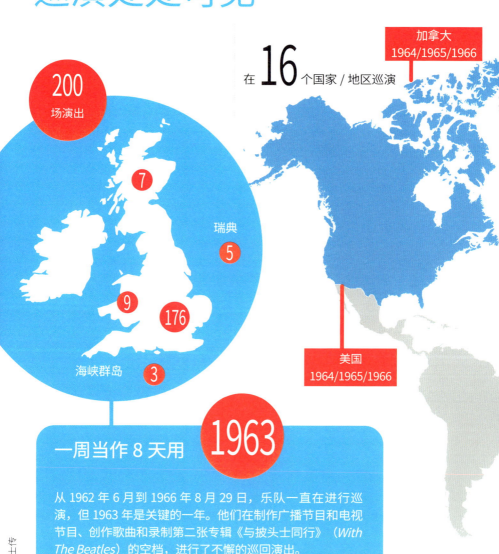

10 年演出超过 1400 场

在 16 个国家 / 地区巡演

加拿大
1964/1965/1966

200 场演出

7

瑞典
5

9

176

海峡群岛
3

美国
1964/1965/1966

1963

一周当作 8 天用

从 1962 年 6 月到 1966 年 8 月 29 日，乐队一直在进行巡演，但 1963 年是关键的一年。他们在制作广播节目和电视节目、创作歌曲和录制第二张专辑《与披头士同行》（*With The Beatles*）的空档，进行了不懈的巡回演出。

在职业生涯的前半段，披头士乐队是一支彻头彻尾的巡演乐队。林戈加入乐队前的日子里，他们这支相当不起眼的乐队作为约翰尼·金特尔的伴奏乐队在苏格兰各地巡演，并在汉堡的地下室里进行着艰苦的轮班演出。但在第二首单曲《请愉悦我》（1963 年 1 月）和随后的专辑大获成功后，他们的巡演事业开始腾飞了。随着他们的名气越来越大，行程范围也越来越广——他们在 16 个国家 / 地区进行了 1 400 余场演出。到了 1966 年，他们感到疲惫不堪，对没有属于自己的时间和没有空闲追求自我创作道路的巡演活动感到厌倦了，他们决定暂停。乐队职业生涯的后半段将专注于录音室工作。

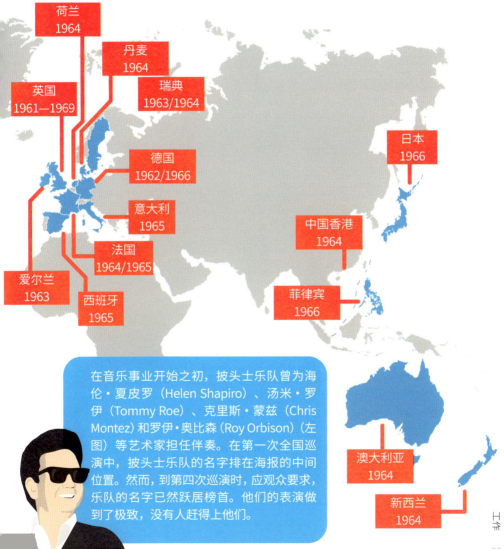

荷兰
1964

丹麦
1964

瑞典
1963/1964

英国
1961—1969

日本
1966

德国
1962/1966

意大利
1965

中国香港
1964

法国
1964/1965

爱尔兰
1963

西班牙
1965

菲律宾
1966

澳大利亚
1964

新西兰
1964

在音乐事业开始之初，披头士乐队曾为海伦·夏皮罗（Helen Shapiro）、汤米·罗伊（Tommy Roe）、克里斯·蒙兹（Chris Montez）和罗伊·奥比森（Roy Orbison）（左图）等艺术家担任伴奏。在第一次全国巡演中，披头士乐队的名字排在海报的中间位置。然而，到第四次巡演时，应观众要求，乐队的名字已然跃居榜首。他们的表演做到了极致，没有人赶得上他们。

工作

解析专辑：《橡胶灵魂》

A 面

《开我的车》（*Drive My Car*）
这是披头士乐队首次在午夜之后录制的单曲；最早的叙事歌曲之一。

《挪威的森林》（*Norwegian Wood*）
西塔尔琴在西方流行音乐唱片中的首次使用；歌词影射了约翰与某记者的风流韵事。

《你不会看到我》（*You Won't See Me*）
写于保罗和简·阿舍渐行渐远之时。

《漂泊者》（*Nowhere Man*）
披头士乐队首支非爱情主题的歌；约翰写这首歌来记录他的绝望和自我厌恶的感觉。

《替你自己想想吧》（*Think for Yourself*）
主要特点是双低音吉他伴奏。

《单字》（*The Word*）
保罗将其称为用一个音符写一首歌的尝试。保罗和约翰都服用了过量的药物来写这首早期的和平与爱的赞歌；这是披头士乐队的首支"预言"歌。

《米歇尔》（*Michelle*）
这首歌可能是保罗在 9 小时的录音中采用叠录完成的；它最初是一首恶搞的法国歌曲，保罗过去常在聚会上唱这首歌来逗大家开心。

B 面

《发生了什么》（*What Goes On*）
专辑的这一面，林戈为声乐和歌词都作出了贡献；约翰于 1963 年开始创作这一面的歌曲。

《女孩》（*Girl*）
约翰对米歇尔的回应；一首带有德国和希腊元素的欧洲歌曲。

《我已看穿你》（*I'm Looking Through You*）
这首歌是对保罗和简·阿舍关系状态的评论。

《在我的生命里》（*In My Life*）
电子钢琴以半速录制，然后加速，听起来像大键琴。

《等候》（*Wait*）
1965 年最初为《救命》专辑录制，但没有收入专辑，于是添加打击乐将其改造。

《如果我需要一个人》（*If I Needed Someone*）
这首歌是写给乔治女朋友的，即后来的妻子帕蒂·博伊德；作曲受到印度古典音乐的影响。

《追逐你的人生》（*Run for Your Life*）
约翰认为这是一首即兴哼唱的歌曲。

录制时间：
1965 年 10—11 月

发行时间：
1965 年 12 月 3 日

词曲

🔴 列侬和麦卡特尼，但主要是列侬

🟢 列侬和麦卡特尼，但主要是麦卡特尼

🔴 列侬和麦卡特尼

🟡 哈里森

《橡胶灵魂》(*Rubber Soul*) 对于乐队和整个流行音乐界而言都是一张过渡性专辑。这是披头士拥有绝对艺术掌控力的首张专辑——他们对内容、播放顺序甚至封面艺术握有前所未有的最终决定权。更重要的是，他们在录音室中获得了自由发挥的空间，在那里学会了创造自己的声景。这张专辑改变了游戏规则，将重点从单曲转移到专辑，来作为界定乐队抱负的平台，综合了时代风尚中不同音乐流派的风格，激励乐队之间的互学互鉴。这是流行音乐正在发展的最初迹象之一。

这张专辑是披头士乐队在 1965 年结束了为期两周的美国巡演回来后创作的。他们在美国见到了迪伦、猫王、飞鸟乐队和大卫·克罗斯比等人。他们在美国的经历出现在专辑的歌曲（以及朦胧的封面艺术）中。专辑中可以听到对民谣摇滚、蓝调、乡村音乐、摩城音乐和黑人音乐的引用。他们从迪伦那里了解到，歌词可以是关于社会观察、叙事和个人经验的——关于超越"她爱你"阶段的关系。这种影响是相互的。海滩男孩乐队的布莱恩·威尔逊称这张专辑"可能是有史以来最了不起的唱片"。

美国对歌曲的影响

奥蒂斯·雷丁
《开我的车》
灵魂乐

鲍勃·迪伦
《挪威的森林》
民谣摇滚

四顶尖合唱团
《你不会看到我》
摩城音乐

鲍勃·迪伦
《替你自己想想吧》
民谣摇滚

詹姆斯·布朗
《单字》
威尔森·皮凯特

妮娜·西蒙
《米歇尔》
黑人音乐 | 布鲁斯

切特·阿特金斯
《发生了什么》
乡村音乐

海滩男孩
《女孩》
摇滚

鲍勃·迪伦
《在我的生命里》
民谣摇滚

飞鸟乐队
《如果我需要一个人》
摇滚

猫王
《追逐你的人生》
摇滚

《橡胶灵魂》是灵魂乐和橡胶鞋底的双关语。这是对"塑料灵魂"戏谑的回击——美国一位蓝调歌手对滚石乐队的蔑称。

工作

61

破纪录者

20 世纪 60 年代后半叶，披头士从只录制表演时可复制素材的需要中解放出来，他们在百代唱片公司的阿比路 2 号录音室度过了大部分时间。他们兴高采烈地把波峰推向四面八方，很快学会了如何将录音室当作乐器使用——或者更确切地说，如何激励制作人乔治·马丁，让其他人都能听到他们脑海中的声音。披头士乐队是首支将录音室技术融入创作的摇滚乐队：采样、多轨录音、玩转磁带播放速度和方向，将声音反馈作为歌曲的一部分，而不是将其消除。披头士乐队在录音中发明、开发的许多效果和技术很快成为录音室规范，特别是 1966 年应约翰请求由肯·汤森发明的自动双轨收音（ADT）技术。

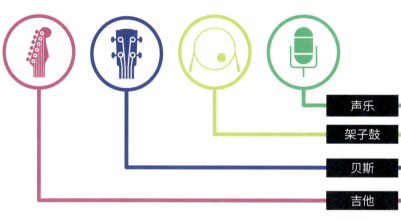

声乐

架子鼓

贝斯

吉他

技术革命

披头士乐队的大部分唱片都是在四轨录音机上录制的。

多音轨设备的工作原理是将不同的音频输入到同时记录着同一卷对卷磁带上的不同"音轨"（磁带的区域）上。一台四轨录音机有 4 个这样的音轨。

每种乐器或每个声音都记录在磁带的不同轨道上（1）。每个音轨的录制可以同时进行，也可以在不同时间添加。

每条音轨都可无须推倒先前录音而持续录音。音轨还可以后期配音、叠录、擦除或者替换。

多音轨设备还使缩混（"合并"）成为可能（2）。一旦音轨取得了满意的混音，就可录制到未使用的音轨和另一台录音机上。这可以释放音轨，使之重新使用更多效果。

合格了吗？

是

付印

否

重新混合每个或所有音轨

需要更多的缩混！

这可以无进行下去

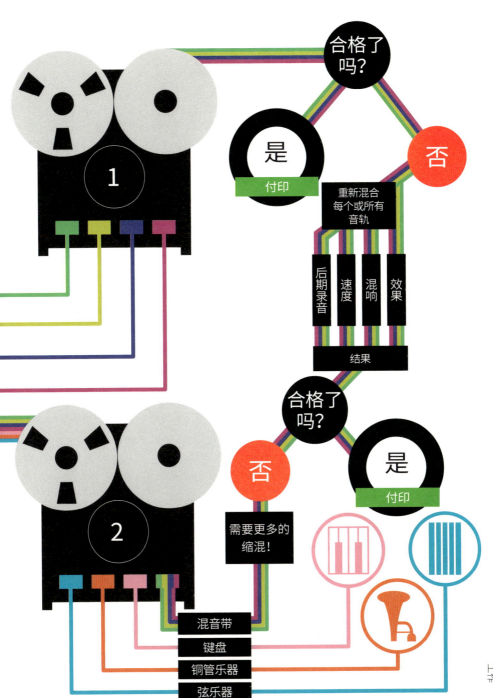

合格了吗?

是
付印

否

重新混合每个或所有音轨

后期录音　速度　混响　效果

结果

合格了吗?

否

需要更多的缩混!

是
付印

混音带
键盘
铜管乐器
弦乐器

解析《佩珀中士的孤独专辑：之心俱乐部乐队》

A 面

《佩珀中士的孤独之心俱乐部乐队》（*Sergeant Pepper's Lonely Hearts Club Band*）（2:02）
保罗构思了佩珀中士这个角色。

《来自朋友们的帮助》（*With A Little Help From My Friends*）（2:44）
约翰在写这首曲子的时候有根手指受伤了，所以这首歌的歌名最初是《布吉坏指头》（*Badfinger Boogie*）。

《露西在缀满钻石的天空中》（*Lucy in The Sky With Diamonds*）（3:20）
灵感来自 4 岁的朱利安·列侬（Julian Lennon）为同学露西·奥唐纳画的一幅画。

《越来越好》（*Getting Better*）（2:47）
灵感来自鼓手吉米·尼科（Jimmy Nicol），1963 年林戈生病时，他是巡演中的替补。他的口头禅是"越来越好"。

《补洞》（*Fixing A Hole*）（2:36）
保罗说此曲写的是思想解放。

《她离家出走》（*She's Leaving Home*）（3:35）
这首歌只有演唱，没有乐器演奏！

《为了凯特先生的利益》（*Being for The Benefit of Mr Kite !*）（2:37）
灵感来自约翰在肯特郡的古董店里购买的维多利亚时代马戏团海报。

B 面

《拥有你，失去你》（*Within You, Without You*）（5:05）
除了乔治，其他披头士乐队成员没有出现在这首歌中。所有乐器由印度或英国的临时乐手演奏。

《当我 64 岁》（*When I'm 64*）（2:37）
保罗在 15 岁时创作了这首曲子来致敬他父亲和 20 世纪 20—30 年代的音乐。

《可爱的丽塔》（*Lovely Rita*）（2:42）
大量使用变速。

《早上好，早上好》（*Good Morning, Good Morning*）（2:41）
动物的喧闹声，依谈论动物吃掉或吓唬前面的被其取代动物的顺序排列。

《佩珀中士的孤独之心俱乐部乐队重奏》（*Sergeant Pepper's Lonely Hearts Club Band Reprise*）（2:16）
尼尔·阿斯皮纳尔建议置于演奏首尾两端的较短曲式重奏开头部分。

《生命中的一天》（*A Day in The Life*）（5:33）
两首不同的歌曲的组合混搭，唤起了世俗和超然两种意识状态的共存。

录制时间：
1966 年 11 月 24 日—1967 年 4 月 21 日

发行时间：
1967 年 5 月 26 日

词曲

- 🟡 列侬和麦卡特尼，但主要是列侬
- 🔴 列侬和麦卡特尼，但主要是麦卡特尼
- ⚫ 列侬和麦卡特尼
- 🟣 哈里森

这张专辑是英国迷幻音乐的标志性作品，在1967年发行时，刚好成为《爱的夏天》的配乐。这是有史以来首次有流行乐队录制了一整张专辑，里面却都是不打算表演的内容——专辑本身就是一场演出。保罗是专辑的总设计师：他想把原来的乐队缔造成一支新乐队，把披头士从拖把头的禁闭中解救出来，释放他们的活力和创造力——他写了超过一半的歌曲。这并非真正的概念专辑——但它启发了其他人。主题、叙述或风格上都没有联系——这张专辑的概念就是乐队有了另一个自我和从自己的头脑里跳脱出来的自由。

专辑排名第一

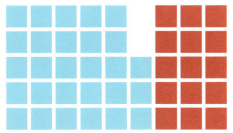

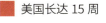
英国长达 28 周

美国长达 15 周

700 小时

录音室的录制时间

英国售出

516 万张

全球售出

3 200 万张

同样具有标志性的封面也改变了游戏规则。据保罗说，先有封面概念——一群人在音乐会后随意地聚集起来为乐队鼓掌。每个披头士成员都列出了自己最喜欢的偶像，流行艺术家彼得·布莱克和詹·霍沃斯创作了人群，他们将黑白照片贴在裁剪纸板上，并对大部分照片进行手工着色。布莱克和霍沃斯的杰作面世后，封面艺术成为专辑制作的一个重要方面。

封面故事

耶稣基督、甘地和希特勒被认为太有争议而不能包括在内。 甘地本来应该排在前排的第 68 位。

秀兰·邓波儿（Shirley Temple） 出场 3 次，2 次出现在阵容中，1 次作为玩偶道具出现。 没有人知道其中的原因。

这是首张在背面印上歌词的专辑封面，这样众人就可以跟着唱了。

专辑

在披头士乐队之前，流行乐队进入录音棚会按照给定的指示去做。专辑基本是单曲的集合。披头士乐队却改变了这一切。很幸运，帕洛风唱片公司将制作人乔治·马丁分配给他们。乔治愿意倾听他们的意见，敏锐地发现了他们的才华，并帮助他们磨练和发展。他们一道改变了流行专辑的制作方式，并开创了乐队对自己的作品从内容、音乐风格、播放顺序到封面艺术等方面都有创造性的支配力的先例。

这里罗列了披头士乐队 13 张经典专辑和 3 张精选集的核心目录，几乎囊括了他们创作的所有音乐，包括未选用音乐和私人录音，但不含为美国市场重新包装现有作品的专辑、汇编合辑、混搭专辑、盗版磁带和盒装专辑。

13 张专辑　　**3** 张精选集合辑

销量

金唱片　　白金唱片

	金唱片	白金唱片
澳大利亚	35 000	70 000
加拿大	40 000	80 000
法国	50 000	100 000
德国	100 000	200 000
英国	100 000	300 000
美国	500 000	1 000 000

 峰图号

1963 　1

请愉悦我

1965 　1

救命！

1968 　1

奇幻之旅

1970 　1

顺其自然

单曲

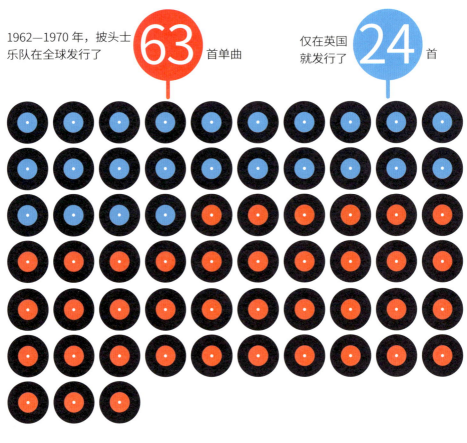

1962—1970 年，披头士乐队在全球发行了 **63** 首单曲

仅在英国就发行了 **24** 首

全球排名第一

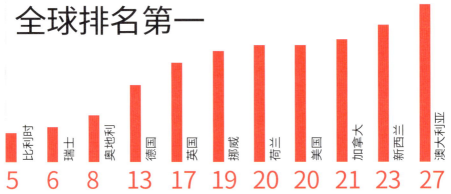

比利时	瑞士	奥地利	德国	英国	挪威	荷兰	美国	加拿大	新西兰	澳大利亚
5	6	8	13	17	19	20	20	21	23	27

从披头士乐队的首支单曲《爱我吧》（伊恩·麦克唐纳形容这首歌"像郊区起居室里一堵光秃秃的砖墙一样醒目"），到他们的最后一首单曲《顺其自然》（在美国称为《漫漫长路》（The Long and Winding Road），披头士统治了 20 世纪 60 年代每周的流行音乐排行榜。不断推出的单曲和迷你专辑占据了英国流行音乐排行榜和美国的公告牌百强单曲榜的榜单。他们平均每 14 周就会获得一次排行榜冠军，这本身就是一个空前的纪录。这里我们只讨论核心目录，也就是乐队在合体期间（1962—1970 年）录制的歌曲，不包括重新发行、合成、汇编、重新设计版式的作品，也不包括库藏品、磁带、CD 和下载的数字作品以及未经授权的汇编、剪辑和改写作品。

10 大
最畅销单曲

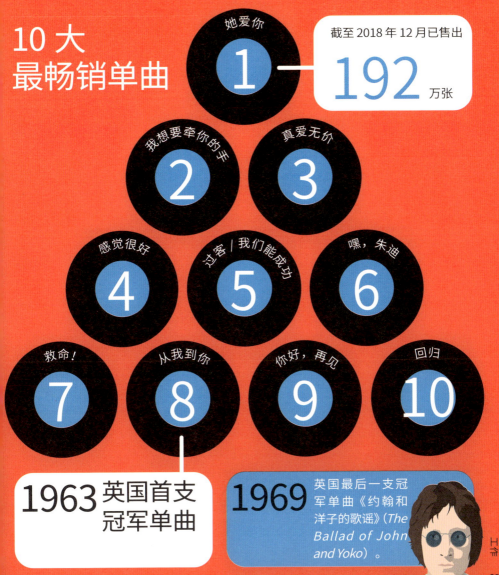

她爱你
1

截至 2018 年 12 月已售出
192 万张

我想要牵你的手
2

真爱无价
3

感觉很好
4

过客 | 我们能成功
5

嘿，朱迪
6

救命！
7

从我到你
8

你好，再见
9

回归
10

1963 英国首支
冠军单曲

1969 英国最后一支冠军单曲《约翰和洋子的歌谣》（The Ballad of John and Yoko）。

工作

69

解析专辑:
《披头士乐队》

专辑的正式名称是《披头士乐队》,但通常又称为《白色专辑》。

A 面

《回到苏联》(*Back in The USSR*)
林戈在与保罗就鼓声部分发生争执后,暂时离开了乐队。

《亲爱的普鲁登斯》(*Dear Prudence*)
在印度为米娅·法罗的妹妹普鲁登斯创作,受到多诺万吉他演奏风格的影响。

《洋葱玻璃屋》(*Glass Onion*)
参照旧作的俏皮而又神气十足的元歌曲。

《奥布拉迪,奥布拉达》(*OB-LA-DI, OB-LA-DA*)
"奥布拉迪,奥布拉达"是保罗从康茄鼓鼓手杰米·斯科特那里学到的一句尼日利亚南部谚语。这首歌耗时 42 小时完成。

《狂野蜜蜂派》(*Wild Honey Pie*)
在瑞诗凯诗创作的非正式歌咏会歌曲。

《班格鲁·比尔未完待续的故事》
(*The Continuing Story of Bungalow Bill*)
包括小野洋子和莫琳·斯塔基在内的所有人都在录音室里参与了伴唱。

《我的吉他在轻声哭泣》
(*While My Guitar Gently Weeps*)
埃里克·克莱普顿(Eric Clapton)吉他独奏。录制耗时 37 小时,有两个改编版。

《幸福是把温柔的枪》
(*Happiness Is A Warm Gun*)
这首歌融合了列侬三首歌曲中的片段,遭到英国广播公司禁播。

B 面

《玛莎我的爱》(*Martha My Dear*)
玛莎是麦卡特尼的宠物,一只年迈的英国牧羊犬。

《疲惫不堪》(*I'm So Tired*)
写于印度,受多诺万吉他演奏风格的影响。

《黑鸟》(*Blackbird*)
受美国民权运动的启发,民权运动借用带有贬义的"黑鸟"一词(奴隶贸易时期的遗留物),并赋予了它积极的含义。

《小猪们》(*Pggies*)
被杀人狂查尔斯·曼森看作是劫杀富人的启示。

《洛奇浣熊》(*Rocky Racoon*)
迷你版的单幕狂野西部歌剧。

《不要忽视我》(*Don't Pass Me By*)
林戈创作的首支歌曲,写于 4 年前的 1963 年。

《为什么我们不在路上这么做》
(*Why Don't We Do It in The Road*)
创作始于印度,灵感来自无忧无虑的、交配中的猴子。

《我会的》(*I Will*)
录音进行了 67 次。录制过程中保罗仍然在谱写。

《茱莉亚》(*Julia*)
一首献给列侬母亲茱莉亚的情歌。

1968 年，夏天创作并录制的《白色专辑》于当年 11 月发行，这是乐队为自己的品牌苹果唱片公司发行的首张专辑。由理查德·汉密尔顿（Richard Hamilton）设计的极简主义白底封面，包裹着一场两碟装的混合着任性与天才的音乐会。感觉上好像乐队每个成员都在追踪个人项目，彼此之间都互为临时乐师。事情变得很糟糕：乔治和林戈暂时离开了乐队，音响工程师杰夫·埃默里克（Geoff Emerick）在 7 月离职；乔治·马丁并不总是有空；保罗试图推动乐队运行，但却因为推进自己的计划而被其他人怨恨。乐队正处在分崩离析的困境中，这时洋子出现了。

C 面

《生日歌》（*Birthday*）
为致敬小理查德现场创作的歌曲。

《你的蓝调》（*Yer Blues*）
真实反映列侬精神状态的诚意之作。

《地球之子》（*Mother Nature's Son*）
灵感来自 1947 年纳京高演唱的热门歌曲《自然男孩》。

《每个人都有东西要隐藏，除了我和我的猴子》（*Everybody's Got Something to Hide Except Me and My Monkey*）
最初歌名叫《来吧来吧》。

《性感茜迪》（*Sexy Sadie*）
当幻想破灭时，约翰讽刺性地贬低玛哈礼师。这首歌曲录制了 52 次，耗时 35 小时，有两个改编版。

《手忙脚乱》（*Helter Skelter*）
原本只用了 27 分钟就一次录制成功，后作了修改。

《漫长、漫长、漫长》（*Long, Long, Long*）
灵感来自迪伦的《眼神哀戚的低地女郎》（*Sad Eyed Lady of The Lowlands*）[专辑《金发佳人》（*Blonde on Blonde*），1966 年]。

D 面

《革命 1》（*Revolution 1*）
《革命》的精简版，作为《嘿，朱迪》的 B 面录制发行。

《蜂蜜派》（*Honey Pie*）
这是对 20 世纪 20 年代的深情怀念，献给保罗的父亲。

《莎娃松露巧克力》（*Savoy Shuffle*）
搞笑地描写了埃里克·克莱普顿喜欢吃廉价巧克力的习惯。

《哭吧宝贝》（*Cry Baby Cry*）
紧随其后的是一首保罗创作的 28 秒的未署名歌曲《你能带我回到过去吗》（*Can You Take Me Back*）。

《革命 9》（*Revolution 9*）
《革命 1》的原始单曲版的一部分，是在其基础上的扩充和改进。

《晚安》（*Goodnight*）
为朱利安·列侬写的摇篮曲。

录制时间：
1968 年 5 月 30 日—10 月 14 日

发行时间：
1968 年 11 月 22 日

词曲
- 🔵 列侬和麦卡特尼，但都是列侬
- 🟠 列侬和麦卡特尼，但都是麦卡特尼
- 🔴 列侬和麦卡特尼，但主要是列侬
- 🟢 列侬和麦卡特尼，但主要是麦卡特尼
- 🔴 列侬
- 🟡 哈里森
- 🔵 斯塔尔

他们要让我去拍电影

尽管工作日程排得很满，披头士还是挤出时间拍电影，观众的反应却是褒贬不一。只有迪克·莱斯特（Dick Lestor）执导的黑白音乐喜剧《一夜狂欢》在当时获得了巨大成功，这部欢快的影片具有写实电影的神韵（跳跃剪辑、手持摄像机、街道场景）。莱斯特将电影剪辑成音乐预示着音乐录影带的诞生：今天，他被誉为音乐电视之父。

《救命！》（Help！）这部在药物和自我放纵的迷雾中拍摄的影片，就不那么讨人喜欢了。乐队自己看似草率拍成的作品《奇幻之旅》（Magical Mystery Tour）则遭到了轻微的批评。而林戈在《神奇基督徒》（The Magic Christian）和约翰在《我如何赢得战争》（How I Won the War）中的个人努力并无更大建树，约翰在其电影中戴上了他标志性的圆框眼镜。

披头士的所有电影，包括动画片《黄色潜水艇》（Yellow Submarine）在内，现在在声望都提高了，被视为领先于时代。现代观众已经习惯了后现代的超现实主义、不合逻辑的推论、元小说和对第四堵墙的无政府主义打破。

时间对《顺其自然》也分外仁慈，这是关于那张永恒不朽的、录音环节麻烦不断的同名专辑的纪实电影，现在被视为一份不可或缺的重要档案。罗恩·霍华德（Ron Howard）的《一周八天：披头士的巡演时代》（Eight Days A Week—The Touring Years）是由拾得片段和歌曲重制组成的纪录片，是一首献给史上最伟大乐队的直白情歌。

一夜狂欢 1964
导演：理查德·莱斯特
插曲数量
电影评分和烂番茄新鲜度
7.7
98%

对披头士乐队 36 小时生活的元虚构叙事。

神奇基督徒 1969
导演：约瑟夫·麦格拉斯
插曲数量
电影评分和烂番茄新鲜度
6.1
56%

林戈主演的这部插曲式影片讽刺了资本主义、贪婪和人类的虚荣心。

顺其自然 1970
导演：迈克尔·林赛-霍格
插曲数量
电影评分和烂番茄新鲜度
7.8
75%

《顺其自然》专辑困难重重的录音环节记事。

救命!
1964
导演：理查德·莱斯特
电影评分和烂番茄新鲜度

插曲数量

| 7.7 |
| 92% |

关于林戈的戒指和杀人邪教的愚蠢冒险。

奇幻之旅
1967
导演：披头士乐队
电影评分和烂番茄新鲜度

插曲数量

| 6.2 |
| 62% |

超现实的巴士之旅，充满了荒诞、即兴的冒险。

黄色潜水艇
1968
导演：乔治·杜宁
电影评分和烂番茄新鲜度

插曲数量

| 7.4 |
| 97% |

乐队使胡椒国（Pepperland）摆脱了痛恨音乐的蓝色坏心族（Blue Meanies）。

我如何赢得战争
1967
导演：理查德·莱斯特
电影评分和烂番茄新鲜度

插曲数量

| 5.8 |
| 50% |

约翰主演的超现实战争电影，根据帕特里克·瑞恩的同名小说改编。

一周八天：披头士的巡演时代
2016
导演：罗恩·霍华德
电影评分和烂番茄新鲜度

插曲数量

| 7.8 |
| 96% |

披头士乐队 1962—1968 年巡演的档案片段。

 互联网电影资料库　　 烂番茄网站

 冒险电影　　 动画片

 黑色喜剧　　 喜剧

 纪录片　　 音乐片

 公路旅行电影

我们能成功

披头士乐队虽是通过翻唱摇滚和节奏布鲁斯的经典歌曲入行的，但他们的首支单曲《爱我吧》有一部分是保罗在 1958 年创作的，约翰添加了中间的八小节，并于 1962 年发行。从那时起，约翰和保罗几乎不断以个人和二人组合的方式进行创作，披头士乐队为其他艺术家自己创作作品开辟了道路。乐队首张完全由自己创作的专辑是《一夜狂欢》（*A Hard Day's Night*）（1964）。尽管每个人的贡献各有不同，但专辑中大多数歌曲都归功于列侬和麦卡特尼。乔治加入创作组的时间较晚，但他制作了两张冠军唱片。

谁写了什么

29 %

12 %

麦卡特尼

哈里森

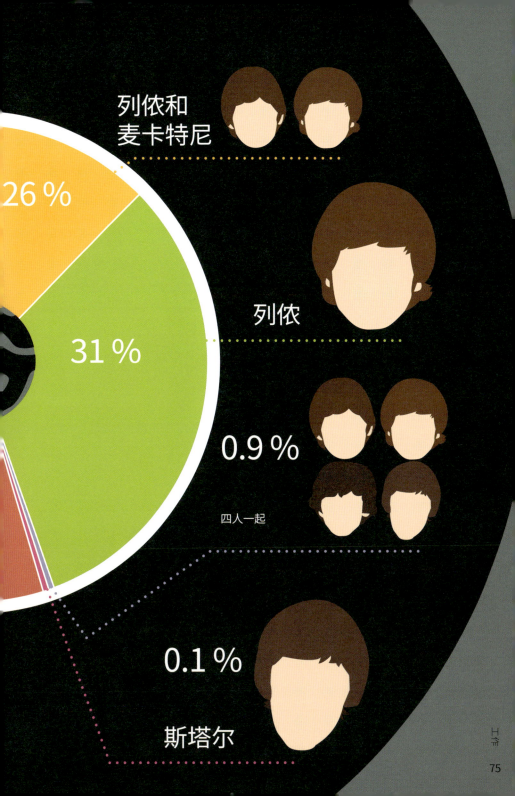

列侬和
麦卡特尼

26 %

31 %

列侬

0.9 %

四人一起

0.1 %

斯塔尔

乐器演奏

在录音室里，乐队的每一位成员都要演奏各种乐器——各式键盘乐器、吉他、印度乐器、打击乐器。但在表演中，他们坚持用传统的吉他和架子鼓组合：约翰负责节奏，乔治负责领唱，保罗负责贝斯，林戈负责架子鼓。

表演站位

表演中，保罗总站在舞台右边，约翰站在舞台左边。每个人都有一个麦克风，乔治在中间走动，必要时加入和声。

保罗　　乔治　　约翰

林戈

林戈　路德维希架子鼓　知音镲片

1964 年，林戈从卓越改用路德维希，自此一直忠于这个品牌。他是左利手，但架子鼓是按右利手的习惯架设的，因此产生了一些有趣的效果。

保罗　哈佛纳 500/1 小提琴　左手贝斯

保罗是著名的左利手乐手，他在 1963 年买了标志性的哈佛纳 500/1 低音小提琴。后来他最喜欢里肯巴克 4001S，他是第一个得到易普峰卡西诺电吉他的披头士。

乔治　里肯巴克 360/12（12 弦）

乔治从不同款式的格雷奇升级到吉布森 J-160E，但他的标志性吉他是芬达·斯特拉托卡斯特和 12 弦电动里肯巴克 360/12，这是制造商赠送给他的原型样品。他也演奏易普峰卡西诺电吉他。

约翰　里肯巴克 325

约翰起初跟乔治一样用的吉布森，后来换成两款他最喜欢的里肯巴克 325 和易普峰卡西诺电吉他。

披头士乐队

04
遗产

"1964 年，我问布莱恩·爱泼斯坦，披头士热会持续多久。他说：'拉里，到了 21 世纪，孩子们也会听披头士的音乐。'他言中了。"

——拉里·凯恩
美国记者兼作家，1964 年

我们都光芒四射

米基·德伦茨
(Micky Dolenz)
架子鼓

彼得·托克
(Peter Tork)
贝斯吉他

戴维·琼斯
(Davy Jones)
主唱，打击乐器

迈克·内史密斯
（Mike Nesmith）
主音吉他

门基乐队

由演员和音乐家组成，于 1966 年为美国一部音乐情景喜剧而创建，这部情景喜剧的灵感来自《一夜狂欢》中放肆而迷人的披头士乐队。随着他们逐渐转变为一支真正的独立摇滚乐队，自我冲突和创作差异也逐渐显现，在摆脱电视剧的桎梏后，乐队走上了巡演之路，唱片销量达到数百万张（全球超过 7 500 万张）。现在还有专门向门基乐队致敬的乐队。

最热门的歌曲

《我是信徒》（*I'm a Believer*）
1966—1967 年连续 7 周排名第一
《白日梦信徒》（*Daydream Believer*）
1967—1978 年连续 4 周排名第一

当披头士这支最受欢迎的乐队解散时，60 年代落幕的钟声敲响了，一场音乐盛会真的结束了。世人的心里仿佛裂开了一个洞，一些致敬乐队争先恐后地来填补这讨厌的空虚，希望带来近似披头士乐队本身能带来的快乐。世界各地完美模仿披头士的乐队数不胜数，其中最出色的可能是 1980 年成立的复刻披头士乐队（The Bootleg Beatles），这是一支有着 4 000 多场演出记录的老牌乐队。而真诚地向披头士致敬的绿洲乐队（Oasis）则被视为 20 世纪 90 年代披头士乐队在曼彻斯特的真实写照。在这两支乐队之前出现了另外两支不同的乐队：门基乐队（The Monkees）和鼠头四乐队（The Rutles）。两支乐队开始都有不同的计划，但不知何故，沐浴在披头士的余辉中，他们都逐渐放弃了当初的玩世不恭，并以自己的方式转变为原创乐队。

鼠头四乐队

1971 年，艾瑞克·爱都（Eric Idle）和尼尔·尹艾斯（Neil Innes）为爱都的电视节目《拉特兰周末电视》（*Rutland Weekend Television*）创作了一部后巨蟒剧团式的模仿剧，他们被称为鼠头四乐队。鼠头四乐队在 1978 年出演了伪纪录片《你就缺钱》（*All You Need is Cash*）。影片是对披头士乐队事业轨迹中令人捧腹而又尖刻的视听模仿，在乔治的积极合作下，成功掀起了鼠头四狂热。约翰也非常喜欢这部片子。尹艾斯创作了 20 首披头士风格的歌曲，其中 14 首出现在该节目的原声带专辑中。这些歌曲大获成功后，这个本是模仿的乐队便公开存在了，并开始了巡演和音乐录制。

最热门的歌曲

《我一定是恋爱了》
（*I Must Be in Love*）
《奶酪和洋葱》
（*Cheese and Onions*）
《哎哟》
（*Ouch!*）

罗恩·纳斯蒂
（Ron Nasty）
（扮演 / 饰演约翰）
尼尔·尹艾斯
（Neil Innes）

巴里·沃姆
（Barry Wom）
（扮演 / 饰演林戈）
约翰·哈尔西
（John Halsey）

德克·麦克奎利
（Dirk Mcquickly）
（扮演 / 饰演保罗）
艾瑞克·爱都
（Eric Idle）

斯蒂格·欧哈拉
（Stig O'hara）
（扮演 / 饰演乔治）
瑞奇·法塔尔
（Ricky Fataar）

单飞后
约翰做了什么？

多年来愤愤不平的温斯顿·奥布吉博士（约翰对自己的戏称）接下来做了什么？他和小野洋子自 1968 年起一直在一起工作，并于 1969 年 3 月结婚。1970 年，披头士乐队正式解散时，列侬已经建立了独唱事业。移居美国后，他高调参与政治活动和和平运动，受到美国政府的迫害的同时，也在音乐上取得了不同程度的成功。1975 年，列侬第二个儿子肖恩·小野出生后，他休假 5 年当起了家庭主夫，边烤面包边照看孩子。1980 年，他又重新开始了创作和录音。一个全新的创作方向似乎在向我们招手，但 1980 年 12 月 8 日马克·查普曼以枪杀列侬的方式结束了这一切。

草莓园

为纪念约翰，1985 年纽约中央公园辟出一块 2.5 英亩的土地，命名为草莓园，并在地上镶嵌了一个圆形马赛克图案。

1994 年，入驻摇滚名人堂

穿越苍穹

1983 年 1 月 12 日，天文学家布莱恩·斯基夫（Brian Skiff）在亚利桑那州洛厄尔天文台（The Lowell Observatory）观测到一颗直径 5.2 千米（3.2 英里）的新型 V 型小行星，将其命名为 4147 号列侬行星。

2001 年，利物浦斯皮克机场更名为……

利物浦约翰·列侬机场

1969>

在越南战争的背景下，约翰和洋子进行了一系列创新的和平抗议活动。

床上和平运动
躺在床上与世界媒体讨论和平。

手袋主义
躲在包里，使人们注意他们发出的信息而不是他们的外表。

反战歌曲
约翰创作了《给和平一个机会》这首反战运动的颂歌。

11 张个人专辑

售出
1 400
万张

《自写集》
(*In His Own Write*)
1964

《工作中的西班牙人》
(*A Spaniard in The Works*)
1965

《空中文字口耳相传》
(*Skywriting By Word of Mouth*)
1986

3 本书

约翰撰写了三本书并绘制了插图，这些书籍到现在仍在印制，都是超现实的荒谬短篇故事集，受到了斯派克·米利根、呆货乐团、刘易斯·卡罗尔和爱德华·李尔的影响。

2010 年，被《滚石》杂志评选为史上最伟大的歌手第

5

名。

1969	约翰和洋子的"床上和平运动"在阿姆斯特丹的希尔顿酒店举行。
1969	约翰和洋子在维也纳的新闻发布会上介绍了手袋主义的概念。
1969	在蒙特利尔举行第二次"床上和平运动"。 在酒店卧室录制歌曲《给和平一个机会》（*Give Peace a Chance*）。
1969	在反战抗议中归还了他的大英帝国勋章员佐勋章（MBE）。
1970	发行专辑《约翰·列侬 / 塑胶小野乐队》（*John Lennon/The Plastic Ono Band*）。
1971	移居美国。
1971	发行专辑《想象》（*Imagine*），这将成为他最受欢迎的专辑。
1972—1976	由于他们参与反战活动，联邦调查局对这对夫妇进行了监视。
1973	开始了"迷失的周末"，与前助理庞凤仪有为期 18 个月的联络。
1975	儿子肖恩·小野·列侬出生。
1975—1980	空档期——约翰花了 5 年时间在家照顾肖恩。
1980	在纽约达科他大厦的住所外遇害。

单飞后
保罗做了什么？

他什么没有做呢？在披头士乐队正式宣布解散后不到一周，这个勤奋的披头士就推出了一张他一直在秘密录制的个人专辑，并开始组建新乐队。当他不制作专辑时（大约一年一张），就会制作畅销单曲 [《琴泰海角》(*Mull of Kintyre*)]、组建新乐队、创作詹姆斯·邦德电影主题音乐、尝试电子音乐、承接经典作品委托、导演电影、练习绘画，他还支持慈善事业，参加了 2012 年奥运会开幕式，创作电子游戏音乐，创办教育机构和处理法律事务，他有过三段婚姻，要养家糊口、经营农场，还与各种音乐流派的艺术家合作，并被授予爵士头衔。他的巡演日程几乎与鲍勃·迪伦不相上下。保罗可能是英国最富有的音乐家（迄今为止个人财产总值 12 亿美元），但这笔财富源于他异常勤奋的工作。

1999 年，入驻摇滚名人堂

在日本因持有违禁品被捕、被监禁，后被驱逐出境。

穿越苍穹

1983 年 7 月 11 日，天文学家爱德华·鲍威尔（Edward Bowell）在亚利桑那州洛厄尔天文台观测到一颗直径为 8 千米（5 英里）的新型 S 型小行星，命名为 4148 号麦卡特尼行星。

《琴泰海角》专辑销量

250

万张

1972 年

为詹姆斯·邦德同名电影录制主题曲《生与死》(*Live and Let Die*)。

2002 年

被授予徽章，刻有其座右铭"凝视我心"（Ecco Cor Meum）

1990 年

在巴西为 **18.4** 万人演出

25张个人专辑，

5张为古典专辑

1984年发行《向百老汇致敬》（*Give My Regards to Broad Street*），一部他自编自导并制作的电影。

2010年，被《滚石》杂志评选为史上最伟大歌手第11位。

1970	发行个人专辑《麦卡特尼》（*Mc-Cartney*）。在美国登上排行榜冠军。
1971	发行专辑《公羊》（*Ram*）。女儿斯特拉·麦卡特尼出生。
1972	成立羽翼乐队（Wings）。录制歌曲《生与死》。
1973	羽翼乐队发行《逃亡乐队》（*Band on The Run*），在美国三次问鼎白金唱片。
1977	儿子詹姆斯出生。
1981	羽翼乐队解散。
1983	开始学习绘画。
1985	任慈善摇滚音乐演唱会（Band Aid）表演嘉宾。
1989	创建利物浦表演艺术学院（LIPA）。
1998	妻子琳达·麦卡特尼死于癌症。
2001	成立无名新乐队，开始《倾盆大雨》（*Driving Rain*）巡演；乐队仍在巡演中。
2002	与希瑟·米尔斯（Heather Mills）结婚。
2003	女儿比阿特丽斯出生。
2005	任 Live 8 演唱会表演嘉宾。（呼吁西方八大工业国联手消灭贫困）
2008	与希瑟·米尔斯离婚。
2011	与南希·谢维尔（Nancy Shevell）结婚。
2017	提起诉讼，要求收回列侬–麦卡特尼歌曲目录中属于自己的部分。
2018	发行专辑《埃及驿站》（*Egypt Station*），这是他首张在美国登上排行榜冠军的专辑。

单飞后乔治做了什么？

没有了列侬 - 麦卡特尼这一创作巨头的竞争，"沉默寡言的乔治"开始蓬勃发展。在乐队还未解散的时候，乔治已制作了两张个人专辑，单飞后，他将继续拓展自己的音乐视野。乔治创立自己的唱片公司，制作专辑，与同时代的精英合作，并与他人共同创建偶像级的、具有讽刺意味的超级乐队"英美纵贯线"（The Traveling Wilburys）。在音乐之外，乔治创办了一家名为"手工电影"的电影公司，制作了一些 20 世纪 80 年代在英国受到狂热崇拜的经典电影。他还为人道主义事业和环保事业作出了慷慨的、实际的贡献，并于 1971 年在孟加拉国音乐会为慈善摇滚音乐会树立了榜样。他对印度音乐和文化的热爱从未动摇过：他是披头士中唯一一深受玛哈礼师教义影响的成员，继续走着从印度教哲学和哈瑞·奎师那运动获得灵感的道路，这贯穿了他的生活和歌曲创作。

2015 年，被《滚石》杂志评选为史上最伟大的吉他手第 **11** 位。

2004 年，

入驻摇滚名人堂

穿越苍穹

1984 年 3 月 9 日，天文学家布莱恩·斯基夫在亚利桑那州洛厄尔天文台观测到一颗直径 10 千米（6.2 英里）的 S 型小行星，将其命名为 4149 号哈里森行星。

发行《孟加拉》（Bangla Desh）
1971 年
流行音乐的首支慈善单曲

40 000 人

参加了在纽约麦迪逊广场花园举行的孟加拉国音乐会 [为"拯救生命"（Live Aid）慈善演唱会作了铺垫]。

专辑《人事皆非》在美国售出
600 万张

到 1985 年，孟加拉音乐会的现场专辑和同名电影大约筹集了 **1 200** 万美元的赈灾善款。

12 张个人专辑

23 部电影的执行制片人

1978—1991 年

在百代退出后，乔治与丹尼斯·奥布赖恩（Denis O'Brien）成立了手工电影公司，投资《布莱恩的一生》（*The Life of Brian*）（*1979*）。

公司共推出 27 部电影，包括《时光大盗》（*Time Bandits*）、《我与长指甲》（*Withnail and I*）。

1970	发行单曲《亲爱的上帝》（*My Sweet Lord*），这是单飞后的披头士成员的首支冠军单曲。
1970	专辑《人事皆非》（*All Things Must Pass*）三次问鼎排行榜冠军，超过了麦卡特尼的《公羊》和列侬的《想象》。
1971	与拉维·香卡（Ravi Shankar）共同筹办孟加拉慈善音乐会，这是史上第一场巨星公益音乐会。
1974	和妻子帕蒂·博伊德离婚。
1974	创立黑马（Dark Horse）唱片公司。
1977	迎来暂别音乐的休假年，参加一级方程式赛车大赛。
1978	儿子丹尼·哈里森（Dhani Harrison）出生。与奥利维亚·阿里亚斯（Olivia Arias）结婚。创建手工制作电影公司。
1980	出版自传《我要做好我自己》（*I, Me, Mine*）。
1988	与汤姆·佩蒂（Tom Petty）、杰夫·林恩（Jeff Lynne）、鲍勃·迪伦和罗伊·奥比森（Roy Orbison）组成超级乐团"英美纵贯线"。
1994 — 1998	与乔治·马丁共同制作了电视纪录片《披头士精选辑》（*The Beatles Anthology*），以及 3 张双唱片加书籍的套装作品。
1997	被诊断为口腔癌，得到成功治疗。
1999	他在弗莱尔庄园（Friar Park）的家里遭到入侵者袭击。失去了一叶肺，导致癌症复发。
2001	因癌症病逝。

单飞后
林戈做了什么？

乐队解散后，这个提供基调强节奏、维系乐队坚如磐如石团结的人（乔治·马丁的说法）做了什么？林戈也许是披头士四人组中最不以自我为中心的，他只是继续做自己喜欢的事情：打鼓。他制作专辑和热门单曲，与其他前披头士成员友好合作（但通常是分开合作），涉足唱片公司，他的电影事业——无论是在银幕上、剪辑室，还是导演的位子上都取得了进展。在声名狼藉的好莱坞吸血鬼饮酒俱乐部亲身体验"迷失的周末"后，他与女演员芭芭拉·巴赫（Barbara Bach）走进婚姻，并于 1989 年组建了不断变化的、一直在巡演的林戈·斯塔尔和他的全明星乐队（Ringo Starr and His All-Starr Band），他与保罗、小野洋子和奥利维亚·哈里森一道掌管披头士乐队的金融帝国。他是世界上最富有的鼓手，2019 年 1 月的净资产约为 3.5 亿美元。这些年来仍在继续巡演。

斯塔尔乐队全明星阵容

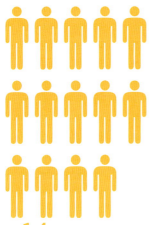

共 **14** 套阵容，成员资格由林戈提供和决定。

2015 年，

入驻摇滚名人堂

穿越苍穹

1984 年 8 月 31 日，天文学家布莱恩·斯基夫在亚利桑那州洛厄尔天文台观测到一颗直径 7 千米的新型 S 型小行星，将其命名为 4150 号斯塔尔行星。

好莱坞吸血鬼饮酒俱乐部

主要成员有林戈·斯塔尔、艾利斯·库柏（Alice Cooper）、凯斯·穆恩（Keith Moon）、哈里·尼尔森（Harry Nilsson）。

2016 年，被《滚石》杂志评选为史上最伟大的鼓手第

14 位。

19 张个人专辑

《男孩们的明信片》
(Postcards
From The Boys)
2004

《摄影集》
(Photograph)
2013

《章鱼花园》
(Octopus's
Garden)
2014

《生命中的又一天》
(Another Day
in The Life)
2019

4 本书

1988 年林戈和芭芭拉前往亚利桑那州图森市的戒瘾所戒酒。

1981 年为儿童电视节目《托马斯和朋友们》的第一季配音，以《水柜机车托马斯》为特色。

1971	发行单曲《来之不易》（*It Don't Come Easy*）（与乔治共同创作）。
1971	意大利西部片《独行盲杀手》(*Blindman*) 上映。林戈扮演主角，开启了他后披头士时代的电影生涯。
1972	林戈执导的霸王龙乐队纪录片《生而不羁》（*Born to Boogie*）上映。
1973	《绝不可能》（*That'll Be The Day*）上演，林戈与歌手大卫·埃塞克斯（David Essex）联袂上演了一个男孩成为摇滚明星的故事。
1975	与莫琳·斯塔基分道扬镳；他们于 1965 年 2 月 11 日结婚。
1975	肯·罗素(Ken Russell)的电影《李斯特狂》（*Lisztomania*）上映，林戈在片中饰演教皇。
1980	在滑稽喜剧《山洞人》（*Caveman*）的片场认识芭芭拉·巴赫。
1981	担任儿童电视节目《托马斯和朋友们》第一季的配音，主演蒸汽火车头托马斯。
1984	成立了林戈·斯塔尔和他的全明星乐队——超级音乐家组成的超级乐队。
1985	林戈与芭芭拉·巴赫结婚。他们在伦敦和洛杉矶两地生活。
1989	入驻打击乐艺术协会名人堂。
2002	成立莲花基金会（The Lotus Foundation），支持各种慈善事业。
2013	出版《摄影集》，一本收入他自己照片和评论的写真回忆录。
2019	举行林戈·斯塔尔和他的全明星乐队 30 周年巡演。

《艾比路》专辑中的歌曲《结束》（*The End*）是乐队集体录制的最后一支歌，有句被广泛引用的歌词："最终，你得到的爱等于你付出的爱"，这只是"爱"这个字 613 次出现在乐队歌词中的其中两次。最后，这就是乐队的全部意义所在，为充满爱的 20 世纪 60 年代留存了录音带。

"我们都写过关于其他主题的歌曲，但披头士乐队的基本主题是爱。"

——林戈·斯塔尔

613

"这都是爱，不管你怎么看，都是爱。"

——乔治·哈里森

《你该藏起你的爱》

《爱你》

《只是爱情》

《你需要的只是爱》

《我全部的爱》

《而且我爱她》

《可爱的丽塔》

《附注：我爱你》

《她爱你》

"爱"在披头士歌词中出现的次数。

"和平与爱永恒。"

——约翰·列侬

《爱我吧》

《真爱无价》

"我真的很高兴我们的大多数歌曲都与爱、和平和理解有关。"

——保罗·麦卡特尼

《靠近爱》

91

小传

艾伦·威廉姆斯
（1930—2016）

早期银甲虫乐队的发起人和经纪人。他安排他们为约翰尼·金特尔的伴奏乐队参加巡回演出，亲自开车送他们去汉堡，和布鲁诺·柯希迈德（Bruno Koschmider）一起打理好他们在汉堡的驻地后，又长途驱车送他们到那里。

小野洋子
（1933— ）

概念与表演艺术家、音乐家、和平活动家、慈善家，小野洋子于 1966 年与列侬相识，后成为他的缪斯、情人和妻子。她保管列侬的遗产，也参与管理披头士的金融帝国。

神奇的亚历克西斯
（1942—2017）

亚尼斯·亚历克西斯·马尔达斯（Yannis Alexis Mardas），一个自封的发明家和天才，没有接受过任何正规培训。他凭借自己的魅力，获得了苹果电子公司（Apple Electronics）董事的高薪职位。尽管他在这个位子上握有大量的资金，也产生了丰富的想法，但从未做出任何成果。

布莱恩·爱泼斯坦
（1934—1967）

音乐企业家，作为家族式零售帝国的主管，扩展了音乐和唱片销售业务。1961 年 11 月，他在洞穴俱乐部看到披头士乐队的演出后，确信他们会走得更远，并着手助力他们往前走。

尼尔·阿斯皮纳尔
（1941—2008）

阿斯皮纳尔是利物浦艺术学院时期深受信赖的老同学，他曾受过会计师培训，但在 1961 年放弃了专业，成为披头士乐队的巡演经理，后来成为了私人助理。

皮特·贝斯特
（1941— ）

鼓手，也是披头士第五人的候选人之一，他在 1960 年加入乐队，1962 年被解雇。乔治·马丁不看好他的打鼓技艺，乐队其他人也觉得与他们古怪滑稽的形象不合拍。但是，他离开时，粉丝尤其是年轻的女粉丝表示坚决反对。

斯图尔特·萨克利夫
（1940—1962）

艺术家，在好友约翰·列侬的劝说下，他卖掉获奖画作，买了一把低音吉他加入乐队。他留在汉堡与阿斯特丽德·科尔什赫一起学习艺术，但因脑溢血英年早逝。

阿斯特丽德·科尔什赫
（1938—　）

作为摄影师，她为乐队拍摄了许多标志性照片。她对披头士乐队的风格产生了巨大的影响，与克劳斯·沃尔曼一道拓展了他们的文化视野，将他们引入欧洲现代文学、哲学和艺术的殿堂。

克劳斯·沃尔曼
（1938—　）

音乐家、艺术家和平面设计师，在汉堡结识披头士乐队，于20世纪60年代初移居伦敦。他参演了他们的多张唱片，并为《左轮手枪》和许多其他专辑设计封面。

马尔·埃文斯
（1935—1976）

洞穴俱乐部的门卫／保镖，后来成为乐队巡演经理／司机，而后成为私人助理和苹果唱片公司高管。他为披头士的许多录音作出了贡献，并制作了坏手指乐队（Badfinger）和其他苹果签约艺人演唱的歌曲。

乔治·马丁
（1926—2016）

制片人、编曲人和多产的电影配乐师，曾为百代帝国的帕洛风唱片公司工作，后成为独立制片人。他制作的冠军单曲在英国有30首，在美国有23首。人们认为是他开发了披头士乐队原始的才华与活力。

马哈礼师·马赫什·优济
（1917—2008）

本名马赫什·普拉萨德·瓦尔马（Mahesh Prasad Varma），物理学专业毕业，师从大师戴夫（Guru Dev）。1955年，他提出超验冥想这种精神复苏的学说。1959年，他带着自己的学说环游世界，建立起庞大的追随者网络。

- 朋友
- 爱人
- 同事
- 经纪人
- 大师
- 音乐家

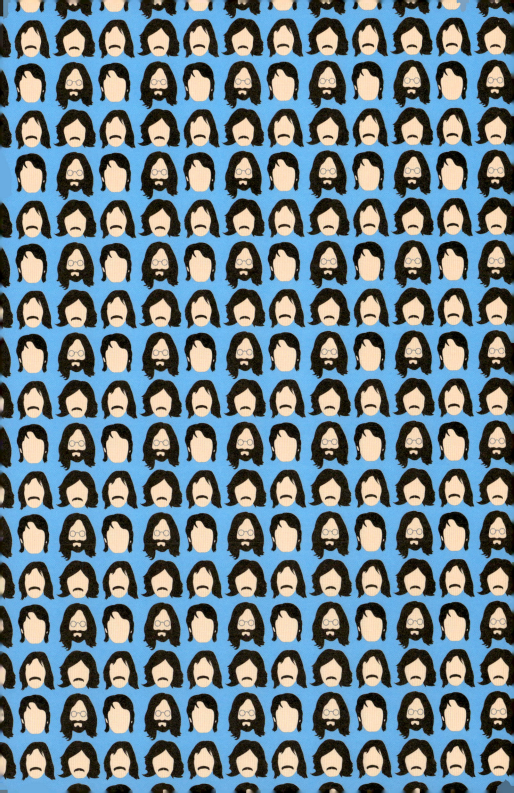

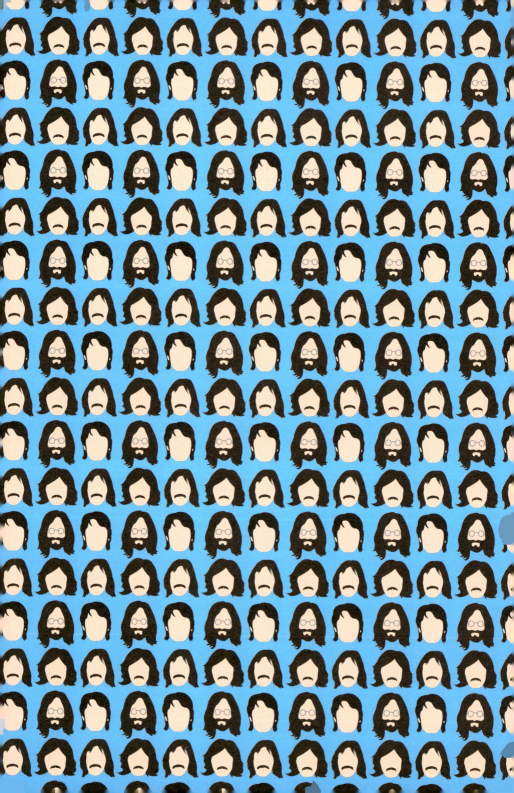